Bienestar insuficiente, democracia incompleta

Vicenç Navarro

Bienestar insuficiente, democracia incompleta

Sobre lo que no se habla en nuestro país

EDITORIAL ANAGRAMA
BARCELONA

Diseño de la colección:
Julio Vivas
Ilustración: foto © Paul J. Goldman

Primera edición: mayo 2002
Segunda edición: julio 2002

© EDITORIAL ANAGRAMA, S.A., 2002
Pedró de la Creu, 58
08034 Barcelona

ISBN: 84-339-6174-8
Depósito Legal: B. 33820-2002

Printed in Spain

Liberduplex, S.L., Constitució, 19, 08014 Barcelona

El día 10 de abril de 2002, el jurado compuesto por Salvador Clotas, Román Gubern, Xavier Rubert de Ventós, Fernando Savater, Vicente Verdú y el editor Jorge Herralde, concedió, por mayoría, el XXX Premio Anagrama de Ensayo a *Bienestar insuficiente, democracia incompleta,* de Vicenç Navarro.

Resultó finalista *Situaciones postales,* de Tomás Abraham.

A todos aquellos que tuvieron que exiliarse de Cataluña y España debido a su lucha por la libertad y por la democracia, y que hoy permanecen olvidados en nuestro país.

ÍNDICE

INTRODUCCIÓN:
EL PORQUÉ DE ESTE LIBRO

Hay momentos y fechas en la vida de una persona que le marcan para el resto de su vida. Para mí, uno de ellos fue un día lluvioso de septiembre del año 1962 en que tuve que irme de mi país por razones políticas. Durante los difíciles años cincuenta y principios de los sesenta, participé activamente en la resistencia antifascista (que ahora se llama resistencia antifranquista), luchando junto con miles de catalanes y españoles por la libertad, la democracia y la justicia social en nuestro país, así como por recuperar nuestra identidad catalana. Se ha olvidado que en España se vivió la dictadura más sangrienta y represiva de todas cuantas existieron en el siglo XX en Europa occidental, más represiva incluso que las dictaduras nazi alemana y fascista italiana en tiempo de paz, tal como ha señalado el profesor Edward Malekafis, catedrático de Historia Contemporánea de Europa de la Universidad de Columbia, Estados Unidos, que ha documentado cómo el régimen de Franco asesinó a muchos más de sus oponentes que el régimen de Mussolini (en una proporción de 10.000 a 1), por citar sólo un indicador de represión y brutalidad. Como consecuencia de mi participación en la resistencia en contra de aquel régimen, el 21 de aquel mes de septiembre tuve que irme de Barcelona, de Cataluña y de España, con el fin de evitar una de las redadas que la Gestapo española (que paradójicamente se llamaba la Brigada Social) realizaba deteniendo, torturando, encarcelando y en muchas ocasiones asesinando a los que se opusieron a aquel régimen, hoy convenientemente olvidado por los *establishments* político y mediático en España, que incluyen a muchas personalidades que sirvieron a aquel régimen.

Desde Barcelona fui a Suecia, donde el gobierno socialdemócrata, que había ayudado financieramente a la resistencia antifascista en los años cincuenta y sesenta, había ofrecido asilo a aquellos que tuviéramos que dejar nuestro país. Así fue como inicié un largo exilio, que me llevó a vivir en Suecia (Estocolmo y Uppsala), luego en la Gran Bretaña (Londres, Oxford y Edimburgo) y por fin, desde 1965, en Estados Unidos, donde he vivido y trabajado como profesor y catedrático de Políticas Públicas en la Johns Hopkins University durante treinta y cinco años, hasta que hace tres años comencé mi reintegración en el mundo académico catalán y español, primero como catedrático de Economía Aplicada en la Universidad de Barcelona y después como catedrático de Ciencias Políticas y Sociales en la Universidad Pompeu Fabra, donde dirijo el Programa de Políticas Públicas y Sociales, patrocinado conjuntamente con la Johns Hopkins University, en la que continúo siendo profesor de políticas públicas y sociales, sociología y estudios políticos.

El contenido intelectual de mi trabajo es el estudio del Estado del bienestar de los países del mundo, entendiendo por Estado del bienestar las intervenciones públicas que

16

tienen como objetivo aumentar la calidad de vida y bienestar social de la población de un país, que incluyen áreas tan importantes en la vida cotidiana de las personas como la Seguridad Social, la creación de empleo, los servicios del Estado del bienestar como sanidad y salud pública, educación y servicios de ayuda a las familias, así como programas de prevención de la exclusión social y de desarrollo social y económico. Éstas son, por cierto, las intervenciones públicas que la mayoría de la población de cualquier país, incluyendo el nuestro, valora como más importantes y valiosas, y en las que he trabajado durante mis cuarenta años de vida académica, acumulando una experiencia y un conocimiento que he intentado poner a disposición del ciudadano normal y corriente, es decir, del ciudadano anónimo que constituye la mayoría de la ciudadanía de cualquier país.

Con este objetivo he asesorado a muchos gobiernos, organismos internacionales, sindicatos, partidos políticos, organismos empresariales, asociaciones vecinales y profesionales, organizaciones no gubernamentales y diversos tipos de asociaciones en muchas partes del mundo. En América Latina he asesorado a muchos gobiernos, siendo entre ellos los más significativos –en el sentido de que mis consejos fueron mejor recibidos y más atendidos– el gobierno de Unidad Popular de Chile, presidido por el doctor Allende, a quien tuve el enorme privilegio de asesorar, y el gobierno cubano presidido por Fidel Castro, que también me pidió mi colaboración en el desarrollo de sus servicios sanitarios, uno de los mejores en el mundo del subdesarrollo, como han acreditado tanto la Organización Mundial de la Salud de las Naciones Unidas como UNICEF. Me enorgullece el haber contribuido al desarrollo de esos servicios.

En el mundo desarrollado he asesorado a varios gobiernos demócratas de Estados Unidos, el último el del presidente Clinton. Durante nueve meses trabajé con Hilary Rodham Clinton en la Casa Blanca, en el intento de reforma sanitaria más ambicioso que ha tenido lugar en ese país y que tenía como objetivo garantizar que todo ciudadano y residente estadounidense tuviera el derecho de acceso a los servicios sanitarios en caso de enfermedad, derecho todavía hoy inexistente debido al fracaso de esa reforma como resultado de la enorme oposición de las compañías de seguros privados y su gran influencia sobre el Congreso de Estados Unidos. En Europa también he asesorado a varios gobiernos, y muy en especial a los gobiernos socialdemócratas suecos, que siempre me han honrado con su confianza, y a los gobiernos laboristas británicos anteriores a los presididos por Blair. En España, he tenido también el placer de asesorar a la mayoría de gobiernos socialistas, con los cuales he tenido una relación compleja; de simpatía y apoyo en muchas de sus áreas sociales, y de preocupación en sus políticas económicas y laborales. Más tarde tuve el placer de asesorar a Josep Borrell cuando fue el candidato socialista a la Presidencia del Gobierno, dirigiendo el desarrollo programático de su proyecto de Estado del bienestar, que introdujo elementos novedosos que creo habrían beneficiado a la mayoría de la ciudadanía española en caso de llevarse a cabo. En nuestro país he apoyado a otras fuerzas políticas y también a los sindicatos CCOO y UGT, a los que considero una de las fuerzas sociales más coherentes que ha habido en nuestra transición y democracia.

Nunca he asesorado, sin embargo, al gobierno de la

Generalitat de Cataluña, no porque no hubiera estado dispuesto a hacerlo, sino porque nunca me lo ha pedido. El gobierno de la Generalitat tiene una concepción muy patrimonial del poder, y su concepción de «*fem país*» (hagamos país) incluye, por lo general, a los que considera suyos. Soy catalán, estoy orgulloso de serlo, y he luchado en la clandestinidad en condiciones muy duras, pagando un largo exilio, por mi participación en la lucha por la identidad catalana. Y me ofende en gran manera que un grupo político monopolice el sentimiento nacional, situación que es doblemente intolerable cuando tal opción incluye a dirigentes que colaboraron, cuando no fueron parte del Estado fascista. Tal opción política está hoy dirigida por Artur Mas, que se dedicó, como Aznar, presidente del gobierno español, a preparar las oposiciones en tiempos de la dictadura sin participar nunca en la resistencia antifascista. Es sorprendente que tal fuerza política, dirigida por una persona que antepuso sus objetivos personales a los intereses colectivos, sin luchar nunca durante la dictadura por la libertad e identidad de nuestro país, tenga ahora la osadía de dar carnets de catalanidad. Soy catalán y también español, mostrando que no hay ningún conflicto en ser los dos, como la gran mayoría de catalanes siente su dualidad identitaria y la vive sin ningún conflicto. Es precisamente mi estima, respeto y amor por mi pueblo tanto catalán como español (y sobre todo por las clases populares de las que procedo: mis padres fueron maestros represaliados por el régimen franquista) lo que motivó mi deseo de volver a nuestro país para contribuir a mejorarlo. Esta vuelta, sin embargo, no ha sido fácil ni sencilla. Por una parte, mi integración en las realidades catalana y española ha sido muy agradable y positiva y me ha permitido enriquecerme emocionalmente con el contacto diario de una población querida. Pero también tengo que reconocer que mi reintegración ha sido difícil y en ocasiones penosa, puesto que me ha costado ver y aceptar lo que estaba viendo. Y es ahí donde aparece la razón de ser de mi libro, que podría titularse *Las observaciones de un exiliado cuando vuelve a su país*. Este libro incluye ensayos que he escrito recogiendo mis impresiones de aquellos temas que conozco bien –como son el Estado del bienestar en Cataluña y en España– y de los orígenes de su subdesarrollo, que son las condiciones políticas no sólo de nuestro presente sino también de nuestro pasado reciente, que viví y sufrí personalmente. Ésta es la razón por la que he escrito este libro.

Temas del libro

Primera parte: ¿Qué es lo que le importa a la gente?
Análisis crítico del Estado del bienestar en Cataluña
y en España

Una de las primeras impresiones que saqué a mi vuelta a nuestro país es que hay una distancia cada día mayor entre los *establishments* mediático y político catalanes y españoles, por un lado, y la ciudadanía normal y corriente que vive los déficits tan marcados del Estado del bienestar en Cataluña y España, por el otro. Los primeros están inmersos en temas de identidad nacional y estructura constitucional, mientras que la segunda, el ciudadano de a pie, continúa preocupada por la escuela de sus niños (que tiene uno de los gastos educativos por alumno más bajos de la UE), la pensión de los ancianos (de las más bajas de la UE), el trabajo de los jóvenes (que tienen la tasa de desocupación más elevada de la UE), las listas de espera de los hospitales (de las más altas de la UE), la masificación de los servicios públicos (el tiempo de visita en una consulta

20

médica de atención primaria para el 56% de la ciudadanía barcelonesa es de sólo tres minutos como promedio) y un largo etcétera. En el primer discurso, el discurso oficial del país, domina la imagen de que España va bien y Cataluña va incluso mejor. Los capítulos de la primera parte del libro, titulada «¿Qué es lo que importa a la gente?», cuestionan esta visión, mostrando que la situación de las familias, de la ocupación, de la cohesión social y desigualdades, de la sanidad y de la educación en nuestro país son preocupantes; mostrando que España no va bien y Cataluña, en muchas áreas de gran relevancia para mejorar la calidad de vida de la ciudadanía, va peor.

Segunda parte: El porqué de las deficiencias del Estado del bienestar

Una tarea importante es analizar y comprender el porqué de las grandes insuficiencias del Estado del bienestar en Cataluña y en España. Una respuesta que se está dando por parte de los *establishments* político, económico y financiero del país es que la globalización económica y la necesidad de competir internacionalmente que ésta determina, requiere que todos los países tengan que seguir las mismas políticas públicas, independientemente de la coloración política que gobierne el país. Estas políticas incluyen la disminución del gasto público y social, la desregulación de los mercados laborales y la limitación de los derechos sociales de la ciudadanía. Esta sabiduría convencional se ha convertido en el *pensamiento único* en nuestro país, y asume que los Estados son prácticamente impotentes para definir sus políticas económicas y fiscales. Así, vimos cómo un ministro de Economía del gobierno del PSOE, Carlos Solchaga, justificaba que el gobierno no siguiera políticas de pleno empleo, señalando que tales políticas no podían realizarse a nivel de un país. Y, más recientemente, hemos visto cómo Aznar también ha justificado la reducción porcentual del gasto público y social, refiriéndose a los requerimientos que la integración europea y la globalización económica imponen sobre nuestra economía. Se están así justificando políticas altamente impopulares sobre la base de un determinismo económico, el de la globalización económica, que se presenta como un fenómeno fatalista que no deja espacio a los Estados y a sus gobiernos para llevar a cabo políticas redistributivas, expansivas y de pleno empleo. Este mensaje globalizador, reproducido en ocasiones por amplios sectores de la izquierda, es profundamente antidemocrático. Si los Estados son impotentes, entonces los parlamentos han dejado de tener sentido y lo único que nos hace falta son tecnócratas (en su mayoría economistas neoliberales) que sepan cómo gestionar el nuevo orden (o, mejor dicho, desorden) internacional en el que un niño muere de hambre cada dos segundos y donde en España, incluyendo Cataluña, tenemos la tasa de fatalidad y precariedad laboral más elevada de la UE. La segunda parte del libro cuestiona estas tesis, aportando datos que muestran el carácter claramente ideológico de tal mensaje, que sirve a intereses particulares más que generales. Los Estados continúan jugando un papel clave, y lo que hagan o dejen de hacer no depende primordialmente de la globalización o integración económica, sino de los intereses que el gobierno represente. Tal como indico en uno de estos capítulos, la disminución del gasto social en España, de un 24% del PIB en 1994 a un 20% en 2000, no se debe a la globalización o integración económica, ni tampoco a las necesidades generadas por la nueva economía, sino a los intereses del capital financiero y de las clases dominantes, que se benefician de las políticas regresivas del gobier-

22

no. En realidad, y tal como señalo en el texto, otros países más globalizados y competitivos que España están hoy en Europa aumentando el porcentaje de sus PIB destinado a gasto social. De ahí que para entender las políticas de austeridad social que están llevando a cabo los gobiernos conservadores español y catalán sea importante analizar el pensamiento neoliberal y cómo éste se reproduce en los medios de información y persuasión, tarea que llevo a cabo en la segunda parte del libro, donde se analiza también lo mucho que queda por hacer y los cambios que se requieren en las políticas públicas del país, con presentación de propuestas alternativas que necesitan basarse en una profundización de nuestra democracia, todavía hoy incompleta.

Tercera parte: Las causas políticas de nuestro subdesarrollo social

Para entender el escaso desarrollo de nuestro Estado del bienestar tenemos que comprender el contexto político de nuestro país, tema de la tercera parte de este libro. En ella analizo críticamente algunos elementos de nuestra sabiduría convencional (que atribuye la victoria del partido gobernante del país a la derechización de la población), así como la situación de la socialdemocracia española, que en algunas políticas públicas ha seguido la tradición socialdemócrata de apoyo al Estado del bienestar pero en muchas otras ha sido atípica dentro de la socialdemocracia, caracterizándose por una moderación que se ubica en las limitaciones de la democracia española, consecuencia del gran dominio que las fuerzas conservadoras tuvieron durante el proceso de transición y que inhibieron el pleno desarrollo de la democracia y del Estado del bienestar.

Cuarta parte: Las raíces de nuestro déficit democrático y social

El lector terminará estas partes del libro preguntándose si las reformas propuestas en la segunda y tercera parte son posibles. Y es ahí donde creo muy importante que se estimule una reflexión profunda sobre el estado de nuestra democracia y sus raíces, es decir la transición. Una de las preguntas que mis estudiantes me hacen con mayor frecuencia, una vez les he documentado el gran retraso que tenemos en el desarrollo de nuestra democracia y de su Estado del bienestar, señalándoles el gran conservadurismo de las culturas mediática y política del país, es por qué existe este conservadurismo (que aparece también en sectores de las izquierdas) y por qué estas insuficiencias de nuestro Estado del bienestar (en el que nos gastamos incluso menos de lo que el nivel de desarrollo económico nos permite). Y la respuesta a estas preguntas está en la manera como se hizo la transición de la dictadura a la democracia, que se realizó en situación de gran dominio de aquel proceso por fuerzas conservadoras y gran debilidad de las izquierdas debido a la enorme represión sufrida durante la dictadura. Ello explica que los cambios que han tenido lugar desde la transición, aunque muy importantes, sean todavía claramente insuficientes. Nuestra democracia y nuestro Estado del bienestar tienen deficiencias muy notables que están relacionadas entre sí. Las insuficiencias del Estado del bienestar tienen su origen en las insuficiencias de la democracia en Cataluña y en España, derivadas a su vez las dos del gran dominio de las fuerzas conservadoras en nuestra democracia, en Cataluña y en España –dominio que aparece tanto en la cultura política como en la mediática–, y que es el resultado de la manera como se realizó la transición tal como señalo en la tercera parte del libro.

Una consecuencia de ese dominio ha sido el olvido de lo que fue la República Española, la Guerra Civil y la dictadura que le siguió. Este olvido, resultado de un pacto de silencio entre la derechas y las izquierdas, alcanzado durante la transición, fue consecuencia de confundir la amnistía con la amnesia, amnesia a la cual las izquierdas han contribuido y por la cual estamos hoy pagando un coste político muy elevado. La juventud española, junto con la juventud austríaca (Austria ha sido el otro país de Europa donde el pasado ha sido silenciado), es la que conoce menos de su historia reciente, ignorando elementos muy importantes de nuestro pasado, desconociendo a su vez el papel que las distintas fuerzas económicas, políticas y sociales tuvieron durante aquellos hechos clave de nuestra historia. La mayor parte de la juventud, por ejemplo, no identifica a las izquierdas con la lucha por la justicia y la libertad. Y también desconoce que las grandes insuficiencias del Estado del bienestar se basan precisamente en el gran dominio que las fuerzas conservadoras ejercieron durante la dictadura y durante la democracia. Es difícil construir un futuro cuando se desconoce tanto de nuestro pasado.

Quisiera aquí aclarar ya, como explicaré más tarde en el texto, que no sé si la transición hubiera podido ser distinta de como fue. Es posible que, debido a la correlación de fuerzas existente en la época, fuera la única posible. Ahora bien, es erróneo definirla como «modélica». Antes al contrario, y como señalo en varias ocasiones en el libro, la transición dejó mucho que desear y es importante ser consciente de ello puesto que el mejoramiento de nuestra democracia y de nuestro Estado del bienestar requiere que sepamos de dónde venimos y dónde estamos (con los problemas graves que existen) para saber adónde queremos ir. Espero que este libro ayude en este proceso de clarificación. Soy consciente, por cierto, de que en este proceso de clarificación voy a contracorriente. De ahí que no crea que este libro vaya a ser muy popular en los círculos que definen la sabiduría convencional del país. En esta cultura de autosatisfacción en que España y Cataluña viven, las voces críticas se marginan en los medios de persuasión e información.

El lector me permitirá una nota final. Una de las consecuencias del olvido de nuestro pasado ha sido el de perpetuar una enorme injusticia que se ha cometido en nuestro país con todos aquellos que lucharon por la democracia y la justicia social. En realidad, nuestro país nunca ha reconocido y dado las gracias a los miles de hombres y mujeres que fueron perseguidos por su lucha por la democracia. Entre ellos, el grupo más olvidado es el de aquellos que tuvieron que irse, la comunidad exiliada, a la que en el curso de mi vida he tenido la oportunidad de conocer bien. Miles de españoles y catalanes normales y corrientes se están hoy muriendo fuera de España sin que se les haya siquiera reconocido su existencia y contribución al país. Algunos de ellos familiares míos. Mis tíos y tías lucharon contra la dictadura primero, contra los nazis en Francia después (fueron internados en campos de concentración nazis más tarde), y después se desplazaron a América Latina, donde se están muriendo junto con miles y miles de españoles y catalanes en medio de un total olvido. Es paradójico que el Estado francés les agradeciera públicamente su lucha por la democracia en aquel país y en cambio el Estado español nunca les haya dado las gracias. Aún peor. El lector recordará que, hace unos años, un obrero de la UGT que tuvo que exiliarse después de la Guerra Civil debido a su participación en la lucha antifascista, quiso volver a España para morirse en su país, cuando estaba ya en los últimos días de su vida, debido a un cáncer terminal. La compañía española Iberia no quiso acogerle y tuvo que volar en una compañía holandesa. Al leer esa noticia no lloré porque ya he olvidado cómo se llora. Pero me indignó enormemente ese hecho, que tipificaba lo que estaba ocurriendo en nuestro país. En un país con tradición democrática, el jefe del Estado habría enviado su avión particular para recogerlo, y al ir a recibirlo al aeropuerto le habría agradecido su lucha por la democracia. Es precisamente a este obrero y a miles como él a quienes dedico este libro.

Por último, me resta una labor grata: la de agradecer los comentarios y críticas recibidas de mis amigos y colegas, demasiado numerosos para poder citarlos a todos en esta introducción. Sí debo citar sin embargo la labor de mis colaboradores más inmediatos, Águeda Quiroga, que editó el texto del libro, y Olivia Cobacho y Carlota Gil, que trasladaron mis textos a un castellano legible. Sin ellas este libro no estaría ante el lector. Es ahora él quien tiene la palabra. Espero que le sea de interés, ayuda y clarificación para entender de dónde venimos, dónde estamos y adónde debiéramos ir en el desarrollo de nuestra democracia y de nuestro Estado del bienestar.

Primera parte

¿Qué es lo que le importa a la gente?
Análisis crítico del Estado del bienestar
en Cataluña y en España

I. LOS OLVIDADOS PROBLEMAS DE LA COTIDIANEIDAD

1. IDENTIDAD Y VIDA COTIDIANA

Existe en España un gran debate sobre la naturaleza del Estado español, y se discuten con gran intensidad grandes temas de Estado que tienen que ver predominantemente con problemas de *identidad o identidades nacionales* y su configuración y articulación dentro del espacio político del país. Los argumentos a favor y en contra del derecho a la autodeterminación, por ejemplo, y su posibilidad dentro de la Constitución Española ocupan un gran espacio en los medios de comunicación del país. Es importante constatar, sin embargo, que la intensidad de este debate está ahogando los temas de la *cotidianeidad* que preocupan a las clases populares y a la mayor parte de la ciudadanía española. Los enormes problemas de la vida cotidiana tales como la *falta de trabajo* para grandes sectores de la población (un total de 2.179.500 parados, según el último informe de la EPA, tercer trimeste de 2001), *la inestabilidad e inseguridad laboral* (el 64% de la población trabajadora, incluyendo a aquellos con empleo fijo, tiene miedo a perder su trabajo, lo que constituye el porcentaje más alto entre los países de la OCDE, después de Estados Unidos),[1] *la preocupación de los padres por la calidad de las escuelas de sus hijos,* que condicionará en gran manera su futuro (las escuelas españolas, tanto privadas como públicas, continúan mostrando los peores indicadores de calidad de la UE en áreas fundamentales como el conocimiento de matemáticas y ciencias y la comprensión de lectura);[2] *la sobrecarga de responsabilidades de las familias y muy en particular de las mujeres* en la atención de niños, adolescentes y ancianos debido a la escasa ayuda estatal (la mujer española es la que más horas trabaja en el cuidado de la familia, un total de 44 horas semanales, el doble que la mujer danesa, que dedica 22 horas);[3] *la escasez de trabajo y vivienda para los jóvenes,* responsable de que España sea uno de los países de la UE donde los jóvenes viven con sus padres hasta edades más tardías, retrasando el proceso de formación familiar, causa a su vez de la baja fertilidad (la más baja del mundo);[4] *las bajas pensiones* (de las más bajas en la UE),[5] y otros muchos temas que, con razón, angustian y preocupan a nuestra población quedan postergados, cuando no olvidados, en este gran discurso sobre los temas existenciales del Estado español. Hemos visto, por ejemplo, cómo el tema de si es necesario o aconsejable el derecho a la autodeterminación del País Vasco acapara prácticamente todo el espacio mediático de las campañas electorales en aquel país, mientras que las encuestas populares muestran que el tema que preocupa más a la juventud vasca es el paro, y al que apenas se dedica espacio mediático en esas campañas.

1. OCDE, 1997.
2. OCDE, 1998.
3. Eurostat, 1998.
4. UNDP, 1998.
5. OCDE, 1997.

Lo mismo puede decirse de las campañas electorales en Cataluña, donde gran parte del espacio mediático se centra en cuestiones de identidad y esencia nacional, sin que temas de la cotidianidad de la población catalana alcancen prioridad. Esta realidad explica que gran parte de la población catalana –y muy en particular las clases populares– se abstenga en las elecciones autonómicas, por considerar que los temas que verdaderamente le atañen no se tocan en el debate político, *mediatizado por unos medios de comunicación que condicionan y determinan en gran manera lo que es importante y visible en él.* Hemos visto en esas campañas el gran espacio que han ocupado temas de identidad (como el tener o no selecciones deportivas catalanas), ignorando que para la mayoría de la población catalana éste no es un tema prioritario. Sí lo son en cambio temas de su cotidianeidad que no aparecen en esos debates mediáticos, como la baja calidad de las escuelas públicas en Cataluña (que muestran unos de los peores indicadores de calidad de España), debido en parte a que el presupuesto por alumno es de los más bajos del país; el escaso desarrollo de la atención primaria sanitaria, una de las más retrasadas de España, con el mayor porcentaje de población (en Barcelona más de la mitad de la ciudadanía) atendida en centros no reformados, donde el tiempo promedio de visita es mucho menor que en los centros reformados; las altas tasas de siniestralidad laboral, de las más altas de España (y de la UE); las mayores tasas de infección por sida de España (y de la UE), y un largo etcétera que queda ahogado en ese gran debate mediático sobre la identidad nacional que ha puesto, en ocasiones, el color de las camisetas de los deportistas catalanes en el centro.

El debate sobre la identidad (los grandes debates existenciales sobre la forma del Estado) no tendría por qué ahogar el debate sobre la cotidianeidad si se explicara a la ciudadanía cómo la solución de los problemas de la identidad resolverían los problemas de la cotidianeidad, algo que no se está haciendo, en detrimento de la calidad democrática de nuestro país, donde se percibe un creciente distanciamiento entre lo que las clases populares –la mayoría de la población– consideran importante –la resolución de sus problemas cotidianos– y lo que el *establihment* mediático considera importante. Este distanciamiento tiene su origen, en parte, en las diferencias de experiencia y percepción de nuestra realidad social existentes entre las élites mediáticas y políticas y la mayoría de la población. Ello contribuye a que se reproduzca un mensaje complaciente de satisfacción con la situación real del país. Vemos cómo, excepto en contadísimas excepciones, se transmite el mensaje de que estamos resolviendo el problema del paro, que es el problema que más preocupa a la población española. Se olvida en este mensaje que la tasa de paro es tan elevada en España que, incluso en el caso improbable de que descendiera durante varios años en la misma proporción en que lo ha estado haciendo desde 1994, nos costaría todavía muchísimo tiempo alcanzar el pleno empleo. Es más, el descenso del desempleo se ha interrumpido en la primera mitad del año 2001, lo cual ha aumentado el escepticismo sobre la posibilidad de alcanzarlo alguna vez. La concienciación de esta realidad explica que la mayoría de medios de información económica hayan abandonado ya el intento de alcanzar el pleno empleo, definiéndolo como un objetivo inalcanzable. Es importante informar a la población, sin embargo, que el pleno empleo es posible en España si hay voluntad política para ello, lo cual no ha sido el caso ni en los gobiernos anteriores (tal como han reconocido algunos de los diseñadores de sus políticas económicas) ni en el gobierno conservador actual.

No pueden considerarse políticas públicas en pro del pleno empleo aquellas que se limitan a crear las condiciones para que el sector privado cree empleo. Y el caso español es un ejemplo claro de esta insuficiencia. En momentos expansivos de la economía, España alcanza elevadas tasas de creación de empleo (mayores que las de Estados Unidos), que son insuficientes, sin embargo, para absorber la gran demanda creada por la gran destrucción de puestos de trabajo en la agricultura y por el creciente deseo de la mujer –sobre todo joven– de integrarse en la fuerza del trabajo, demanda que continuará creciendo durante muchos años debido al elevado porcentaje de mano de obra que todavía trabaja en la agricultura (el 6,7% de la población ocupada) y a la baja presencia de la mujer en el mercado laboral (el 38% de las mujeres adultas, un porcentaje de los más bajos de la UE), lo cual explica, a su vez, la baja tasa de ocupación de la población española. En realidad, uno de los mayores problemas del mercado laboral español –y de los menos visibles en los medios de comunicación– es el bajo porcentaje de la población adulta que trabaja. No se están creando suficientes puestos de trabajo, y ello es debido primordialmente al escaso desarrollo de los servicios en este país, ya sean de tipo personal ya de tipo social. Si España tuviera, por ejemplo, la misma tasa de población adulta trabajando en los servicios del Estado del bienestar como sanidad, educación y servicios de apoyo a las familias que la que tienen los países del norte de Europa (el 18% de la población adulta), nuestro alto nivel de desempleo desaparecería, a la vez que nuestra tasa de ocupación aumentaría a niveles europeos. Es más, el desarrollo de tales servicios de ayuda a la familia, incluyendo servicios de guarderías y de atención domiciliaria a los ancianos e incapacitados, además de mejorar en gran medida la calidad de vida de las familias (y muy en particular de las mujeres), facilitaría la integración de la mujer en el mundo laboral, creando a su vez una demanda de los servicios que ella realizaba antes en su domicilio, creando empleo. En España, estos servicios están muy poco desarrollados, a pesar de un discurso oficial pro familiar (que los hechos denuncian como carente de credibilidad). Para ayudar a las familias españolas se requeriría que el acceso a los servicios como jardines de infancia, servicios de ayuda domiciliaria para los ancianos y personas dependientes y residencias para personas mayores, se declararan derechos de todos los españoles, como lo son hoy la educación y la sanidad. Esta universalización de los servicios de ayuda a las familias, además de mejorar la calidad de vida de la ciudadanía, contribuiría en gran manera a resolver el problema del paro en España.

La expansión de los servicios de ayuda a las familias no puede tener lugar, sin embargo, sin un apoyo muy notable del sector público español, un sector poco desarrollado en su dimensión social. Ahora bien, a esta expansión (así como a los cambios necesarios en el gasto público) se opondrían sectores y grupos muy poderosos en el país. Permítanme que les cite un ejemplo. España dedica un 20% del gasto público sanitario a farmacia, uno de los porcentajes más altos en la UE. Este gasto no se debe a un supuesto abuso por parte de la ciudadanía o de los pensionistas en el uso de medicamentos. En realidad, en España el número de prescripciones por pensionista o ciudadano es ligeramente inferior al del resto de la UE.[1] Las causas del elevado gasto público farmacéutico son otras. Veamos.

1. OCDE, 1997.

El gobierno federal de Estados Unidos se gasta en farmacia sólo un 9% del gasto sanitario público, y ello se debe en parte a que el 68% de los productos farmacéuticos que el gobierno utiliza (compra o financia) son medicamentos genéricos (productos de idéntica potencia biológica que los comerciales pero que al haber expirado la patente son fabricados por empresas que producen genéricos, fabricación que ha sido estimulada y facilitada por el gobierno federal). El producto genérico cuesta como media en Estados Unidos un 48% del producto comercial. En España, el Estado español gasta sólo un 3% del gasto público farmacéutico en productos genéricos (y el precio del producto genérico es como media un 70% del precio del producto comercial), y ello debido a la enorme oposición por parte de la industria farmacéutica a su utilización y producción masiva puesto que sus beneficios son menores en productos genéricos que en productos comerciales. La tasa de beneficios de la industria farmacéutica, por cierto, es una de las más altas de la economía española. Si gastáramos en farmacia el 9% de nuestro gasto sanitario público en lugar del 20%, se liberarían millones y millones de euros para financiar, por ejemplo, servicios de atención a los ancianos que, además de mejorar la calidad de vida de las familias, contribuirían a la creación de empleo. No es sostenible –por mucho que se repita– el argumento de que la limitada extensión de nuestro Estado del bienestar sea resultado de que no tengamos los recursos económicos para expandirlo. Los tenemos. Pero existen intereses bien definidos responsables de este retraso, que se acentuará aún más como resultado de la disminución del gasto social per cápita en relación con el PIB al que estamos asistiendo en España, con una disminución de los fondos del Estado dedicados a gastos sociales como las pensiones. Tal como explico más adelante, estos datos son olvidados en una cultura mediática que enfatiza los problemas de identidad a costa de olvidar los problemas acuciantes de la cotidianidad de la mayoría de la ciudadanía española.

2. ESPAÑA NO VA TAN BIEN

La euforia generada por la evolución de algunos indicadores macroeconómicos que nos permitieron el ingreso en la unidad monetaria europea, reflejada en la frase «España va bien», olvida que la economía es un medio y no un fin. El objetivo fundamental y último de las intervenciones públicas debiera ser mejorar la calidad de vida de la población. Hemos visto gobiernos en la UE cuyas políticas macroeconómicas eran aplaudidas por los fórums financieros y económicos internacionales que fueron rechazados y depuestos por grandes mayorías que protestaron por las consecuencias sociales de esas políticas económicas. De ahí que la pregunta que debiera realizarse no es tanto si la economía va bien como si la población va bien.

Y es en la respuesta a esta pregunta −resultado del estudio del estado social del país− donde no hay cabida para tal euforia. Es cierto que se ha hecho mucho desde que se estableció la democracia en España, pero queda muchísimo por hacer. Veamos. Uno de los indicadores sociales más importantes del bienestar de un país es la esperanza de vida, es decir, el promedio de años que una persona puede esperar vivir antes de que le llegue la muerte. Según la información provista por la oficina europea de la Organización Mundial de la Salud, España ha ido descendiendo durante los últimos diez años en el ranking de esperanza de vida entre países de la UE, *siendo hoy uno de los países con menor crecimiento de esa esperanza de vida.* En realidad, el promedio de años de vida que una persona de 15 a 49 años puede esperar vivir en España ha disminuido debido al crecimiento de la tasa de mortalidad en este grupo etario. Es más, la mortalidad que afecta en mayor grado a este sector de la población –mortalidad debida a accidentes laborales, a accidentes de tráfico y al sida– es de las más altas de toda la UE. Por otra parte, las desigualdades en la frecuencia de muerte entre las clases sociales es también de las más altas de la UE. Hay autonomías en España, como Cataluña, en las que la diferencia en años de vida entre la esperanza de vida de una persona de clase alta y otra de clase humilde es de diez años. En la UE, la media es de siete años.

La respuesta frente a esta situación ha sido frecuentemente culpabilizar a las víctimas, atribuyéndoles comportamientos irresponsables (en el caso de los accidentes laborales) o «inmorales» (en el caso del sida). Esta interpretación contrasta con los hechos; sus causas son más sociales que individuales. La gran mayoría de siniestros laborales (el 84%), por ejemplo, tienen lugar entre trabajadores precarios cuyas condiciones de trabajo están más deterioradas y cuya presión empresarial es más acentuada que entre los trabajadores fijos. Lo mismo sirve para el caso de mortalidad por sida, una de cuyas más frecuentres causas de transmisión, hasta hace poco tiempo, era la drogadicción, fenómeno que se da sobre todo entre la juventud que tiene mayores dificultades para encontrar trabajo. La tasa de paro entre el grupo etario y social que representa al 76% de todos los drogadictos es del 68%. Es más, la vía de transmisión entre drogadictos puede prevenirse fácilmente, pese a lo cual la tasa de sida entre drogadictos en España es más de seis veces la media europea. El hecho de que España sea hoy uno de los países de la OCDE con mayor mortalidad susceptible de ser prevenida es un indicador más del gran subdesarrollo de la infraestructura de salud pública del país, responsable de que España sea uno de los países de la UE con peor control de la higiene de los alimentos, con peores indicadores de salud ambiental, con mayor accidentalidad y fatalidad laboral, con mayor número de enfermedades infecciosas prevenibles, etc.

En otros sectores, como la educación, también asistimos a una situación preocupante. Hemos visto el revuelo que causó la publicación de la primera evaluación de la educación en España, que mostraba entre otras realidades cómo las escuelas de Cataluña están por detrás de la media de España en algunos indicadores importantes de calidad educativa, hecho que el presidente de la Generalitat de Cataluña ha atribuido, en parte, a la inmigración. Tan preocupante como las desigualdades interautonómicas son las desigualdades a nivel internacional, es decir, la calidad de la educación española en comparación con otros países de la UE y de la OCDE (el grupo de países más desarrollados). La OCDE publica periódicamente un informe en el que compara la educación primaria, secundaria y universitaria española con las del resto de la OCDE.[1] España es el país (de los 29 de la OCDE), junto con Turquía y Portugal, que tiene un porcentaje mayor de población adulta (72%) con escasa educación (diez o menos años). España es, también, junto con Turquía y Portugal, el país que tiene mayor porcentaje de población joven (25-34 años) con un número menor de años de educación. Países con porcentaje de población inmigrante más elevado que España y Cataluña tienen, por cierto, porcentajes mayores de educación que España y Cataluña. En realidad, para

1. *Education at a Glance, OCDE Indicators,* 1997.

explicar la cobertura y calidad de la enseñanza es mucho más importante el gasto por estudiante que la composición étnico-cultural de la población. Y en este indicador España está en la cola de los países de la OCDE. El gasto por estudiante, sea éste estudiante de primaria, secundaria o universidad, es de los más bajos de la UE. El gasto por estudiante universitario, por cierto, es casi la mitad de la media de la OCDE. La respuesta racionalizada de los que creen que «España va bien» es que ello se debe a la masificación, es decir, al gran porcentaje de población que está en las escuelas o en las universidades. Pero, de nuevo, la evidencia empírica no apoya estos supuestos. El porcentaje de la población que está en las escuelas primarias y secundarias es menor, no mayor, en España que en el promedio de la UE y el porcentaje de la población que está en las universidades es semejante, o incluso ligeramente inferior, al promedio de la UE. Es la pobreza de medios en educación (cuyos recursos han sido recortados en los últimos presupuestos) la responsable en gran parte de esta situación. España es (junto con México, Turquía y Portugal) el país de la OCDE que gasta menos en infraestructura en los tres niveles educativos. Como consecuencia, el promedio de alumnos por maestro en las escuelas (tanto en la privada como en la pública) es mayor que el promedio de la UE. En el caso de la universidad, el número de estudiantes por profesor académico es de casi el doble.

Todos estos datos, y no el porcentaje de inmigrantes en las escuelas, explican que estemos en una situación peor que el resto de la UE y de la OCDE. Y los resultados objetivos de calidad muestran esta realidad. Según el mismo informe de la OCDE, los estudiantes de las escuelas españolas (tanto públicas como privadas) están entre los que tienen los peores indicadores en comprensión y capacidad de lectura, en conocimiento científico y en conocimiento matemático. En realidad, en algunos de estos conocimientos (como en el matemático), los mejores estudiantes (tanto de las escuelas públicas como de las privadas) están por debajo de los peores estudiantes de Francia, Holanda, Bélgica, República Checa y Corea.

Es también importante señalar que, en general, aquellos países que tienen un porcentaje menor de estudiantes en la escuela privada son aquellos que tienen mejor calidad en las escuelas públicas, y sus indicadores de calidad (tanto de escuelas públicas como privadas) son mejores. En España, los sectores más acomodados de la población aducen con frecuencia que la existencia del sector privado en los sectores sociales libera recursos al sector público que, de no existir el privado, tendría que absorber el sector público. La realidad muestra, sin embargo, que esta huida hacia el sector privado, en lugar de enriquecer al sector público, lo empobrece. España es uno de los países de la OCDE con un porcentaje mayor de estudiantes en la enseñanza privada. Este porcentaje es incluso mayor en Cataluña, que es también una de las comunidades autónomas con menor gasto público destinado a educación por estudiante y habitante, por debajo de la media española.[1] Una situación semejante ocurre en la atención primaria de los servicios sanitarios. Cataluña tiene el porcentaje mayor de usuarios de la atención primaria privada de España, pero tiene también la atención primaria pública menos desarrollada de España, siendo una de las comunidades en las que el porcentaje de la población insatisfecha con la atención primaria es mayor. La expansión de la asistencia sanitaria privada no enriquece a la pública; antes al con-

---

1. E. Oroval, *et al.*, *Estudi del sistema educatiu espanyol*, 1997.

trario, la empobrece, al diluir la presión social para que se mejore. Esta dualidad de servicios no favorece ni a los usuarios de la sanidad pública ni a los de la privada. Por lo general, los servicios sanitarios privados son mejores en el trato personal, en el aspecto hotelero, y en la capacidad de elección, pero no lo son en su contenido científico o técnico. De ahí que, cuando existe un problema que precisa mayor pericia o mayor infraestructura técnica, el sector público ofrezca mayores recursos. Lo que se requiere es una síntesis de los mejores atributos de los dos sectores, proveyendo bajo el mismo techo institucional una atención personal de ambiente hotelero digno, con capacidad de elección y con unos servicios técnicos bien dotados. Ello no ocurrirá a menos que tanto las clases medias como la clase trabajadora se sientan vinculadas al mismo sistema. El Estado del bienestar de Europa ha sido el resultado de la alianza de las clases trabajadoras con las clases medias. El reto ha sido el diseño de servicios en el que las clases medias, cuyas expectativas son más altas, se encuentren bien. Lo contrario, aumentar las desigualdades de manera que cada sector social tenga su propia cobertura, sea ésta sanitaria o educativa, empobrece al Estado del bienestar así como a la mayoría de la población.

3. LA CATALUÑA SOCIAL TAMPOCO VA BIEN

Una de las reivindicaciones de la opción política gobernante en Cataluña es la de establecer un espacio social catalán, gobernado por la Generalitat de Cataluña. En esta reivindicación no se señala, sin embargo, que la Generalitat ya tiene desde hace muchos años control sobre la financiación y gestión de muchos capítulos muy importantes de tal espacio, como son la educación, la sanidad, los servicios de ayuda a la familia, la protección del trabajador y muchas otras dimensiones del Estado del bienestar catalán que debieran ser objeto de evaluación y debate.

En realidad, un análisis objetivo de este Estado del bienestar muestra que, en contra del mensaje triunfalista dominante, la Cataluña social no va tan bien como nos informa el Govern de la Generalitat. En muchas áreas sociales la situación es peor, no mejor, que en el resto de España. Veamos.

El gasto público de la Generalitat por alumno en la escuela pública (tanto infantil como primaria y secundaria) es menor que el promedio español. Esta pobreza relativa de recursos la padecen las clases populares, que son las que utilizan la escuela pública. Donde la Generalitat, en cambio, gasta muy por encima del promedio español es en la subvención a la escuela privada (la más alta de España), a la que asisten en su mayor parte niños de familias de mayores recursos.

Algo semejante ocurre con la sanidad. Cataluña es la comunidad autónoma (junto con Galicia) con mayor retraso en la reforma de atención sanitaria primaria, el nivel de atención sanitaria donde la mayoría de la ciudadanía accede para resolver sus problemas médicos. El 43% de los catalanes (este porcentaje es incluso mayor en Barcelona: el 56%) todavía están atendidos por los viejos consultorios en los que el tiempo de visita es de los más cortos de España, donde la media de población atendida en los viejos consultorios es sólo del 21%. La gran mayoría (el 79%) de españoles –excepto los de Cataluña y Galicia– son atendidos por los nuevos centros de atención primaria, donde el tiempo de visita dedicado al paciente es mucho mayor. De nuevo este retraso en el desarrollo de la atención sanitaria

44

primaria en Cataluña afecta sobre todo a las clases populares, puesto que las familias de mayores recursos acuden a la medicina privada, que es el sector favorecido por la opción política que gobierna en la Generalitat.

Tanto en educación como en sanidad, esta opción política sigue unas políticas públicas que reproducen la polarización social, dividiendo Cataluña entre los que utilizan los servicios públicos (la mayoría de las clases populares) y los que se sirven de los servicios privados (las familias de mayores ingresos). La dicotomía clases populares/servicios públicos, clases medias y altas/servicios privados es polarizante y crea descohesión social.

En los servicios de ayuda a la familia, la opción política gobernante en Cataluña ha enfatizado la responsabilidad familiar, y sobre todo de la mujer, en el cuidado de los niños, discapacitados y ancianos, sin dar prioridad al desarrollo de servicios, como escuelas para niños de 0 a 3 años y asistencia domiciliaria a incapacitados y ancianos, que ayuden a las familias en el desarrollo de sus responsabilidades. Cataluña, junto con España, está muy por detrás de la media de la UE en el desarrollo de estos servicios. Y en alguno de ellos, como en la creación de escuelas de infancia o en ayuda domiciliaria, Cataluña está por detrás de otras comunidades autónomas de igual e incluso menor desarrollo económico. Es más, la opción política gobernante en Cataluña se ha opuesto, como también lo ha hecho el gobierno conservador español, al establecimiento de estos servicios de soporte a la familia como un derecho de ciudadanía a disposición de todas las familias españolas (como ocurre en otros países de la UE) alegando falta de fondos públicos.

Otra área social en la que Cataluña está por detrás del resto de España es la protección de la salud de la población empleada, también de exclusiva responsabilidad de la Generalitat. Según un informe sobre las condiciones de salud, muerte y enfermedades laborales en Cataluña, preparado por un grupo de expertos en higiene y seguridad laboral, el número de muertos, accidentados y enfermos por causas laborales por cada 10.000 empleados y trabajadores en Cataluña es muy superior a la media española y a la media de otras comunidades autónomas con estructuras demográficas y ocupacionales semejantes.[1] Esta realidad es ignorada, cuando no negada, por la Generalitat, cuyo gabinete de información de higiene y seguridad laboral continúa silenciando desde 1995 el que haya muertes debido a enfermedades laborales, convirtiéndonos oficialmente en el único lugar del mundo donde la gente no muere por enfermedades producidas en su lugar de trabajo, dato que carece de credibilidad.

Estas y otras realidades, ignoradas por la mayoría de los altamente controlados medios de comunicación y persuasión de Cataluña, debieran ser sujeto de debate electoral, en lugar de centrarse éste, primordialmente, en temas de identidad y reivindicación nacional que ahogan el tan necesario debate sobre temas de la cotidianeidad de enorme importancia para las clases populares como es el espacio social catalán, sobre el cual la Generalitat tiene plena responsabilidad.

4. Y LA SITUACIÓN VA EMPEORANDO: EL DÉFICIT SOCIAL

Como decíamos en el apartado anterior, la mejora de los indicadores macroeconómicos desde 1994 ha contri-

1. S. Moncada, *La salut i la seguretat al treball a Catalunya*, 1999.

buido a crear una percepción generalizada de que el bienestar social y la calidad de vida han mejorado. Se asume que la buena evolución de los indicadores macroeconómicos se traduce en buen estado social de la población. Este supuesto, sin embargo, es cuestionable. Los indicadores macroeconómicos pueden ir bien y en cambio la calidad de vida de grandes sectores de la población, e incluso de la mayoría de la población, puede no ir bien. En Estados Unidos, por ejemplo, se vio que la subida del crecimiento económico y la disminución del desempleo que tuvieron lugar en la década de los ochenta durante la administración del presidente Reagan fueron acompañados de un importante deterioro de los indicadores de calidad de vida de grandes sectores de la población. Una situación semejante se produjo en la Gran Bretaña durante la administración Thatcher. La razón de esta aparente paradoja es que los indicadores macroeconómicos de crecimiento económico y de paro no miden ni la distribución social del paro, ni la calidad del empleo, ni la distribución de la renta nacional, indicadores todos ellos de una enorme importancia para entender la calidad de vida de un país. Los indicadores macroeconómicos tampoco miden el impacto del gasto público ni el impacto que el Estado del bienestar tiene en el bienestar social de la ciudadanía. Cuando miramos estos otros factores vemos que la situación en España es más preocupante de lo que se nos informa en ese mensaje eufórico de que «España va bien». Veamos. Un indicador muy sensible a la situación social de un país es la mortalidad infantil (MI), es decir, el número de niños que mueren en su primer año de vida de cada 1.000 nacidos vivos. Pues bien, en España, después de una mejora muy espectacular que se produjo en los años ochenta y primera mitad de los noventa (cuando tal MI bajó de un 12,3‰

47

en 1980 a un 5,6‰ en 1996), hemos visto un estancamiento e incluso un aumento de la MI (que subió a 5,7 en 1998). ¿A qué se debe este estancamiento y reversibilidad de la MI? Toda la evidencia parece indicar que responde a las mismas causas que determinaron el deterioro de la calidad de vida para grandes sectores de la población de Estados Unidos y de la Gran Bretaña durante la época de los gobiernos Reagan y Thatcher, respectivamente. Es decir, el aumento muy notable de las desigualdades sociales,[1] como resultado de las políticas neoliberales llevadas a cabo por esos gobiernos y que han sido también aplicadas en España por el gobierno conservador español (con el apoyo de la opción política que gobierna la Generalitat). Durante este gobierno hemos visto la aplicación de políticas fiscales, por ejemplo, muy favorables a las personas de rentas elevadas, que han dejado de aportar alrededor de 4.800 millones de euros, con los cuales, por ejemplo, podrían haberse establecido servicios domiciliarios para las personas con discapacidades, que hubieran significado un enorme alivio para las familias y sobre todo para las mujeres que cubren las enormes insuficiencias del Estado del bienestar español, a la vez que hubieran creado alrededor de 320.000 puestos de trabajo.

Por otra parte, estas políticas públicas han sido complementadas por otras que han significado un descenso muy notable tanto del gasto público como del social (como porcentaje del PIB). En realidad, si el gasto público hubiera continuado siendo el mismo porcentaje que en 1995, el Estado habría tenido 19.232 millones de euros más en 1998, cantidad suficiente para aumentar las pensiones hasta la media de la UE, además de proveer las re-

---

1. R. Wilkinson, *Unequal Societies*, Routledge, 1996.

servas de la Seguridad Social para garantizar su solvencia hasta el año 2030. Estas políticas fiscales favorecieron también enormemente a las rentas empresariales y a las rentas del capital, y muy en especial a las rentas procedentes de inversiones bursátiles financieras e inmobiliarias, lo que explica que la participación de tales rentas en la renta nacional haya aumentado enormemente mientras que la participación de los salarios en la renta nacional ha disminuido. Uno de los grupos empresariales que ha tenido unos beneficios más extraordinarios ha sido el formado por las compañías privatizadas Telefónica, eléctricas y Repsol, que se han aprovechado de su situación oligopólica del mercado. Sólo un ejemplo. Las compañías eléctricas españolas son las empresas eléctricas de la UE que tienen más ventajas fiscales (habiendo recibido además 7.213 millones de euros del Estado como subvenciones), a la vez que tienen el precio más alto de electricidad para consumo doméstico de la UE. Con estos 7.213 millones, el Estado español podría haber mejorado notablemente la infraestructura de las escuelas y universidades, introduciendo Internet masivamente en todos los centros educativos españoles.

Por otra parte, la Oficina Estadística de la Comisión Europea (Eurostat) ha publicado un informe sobre protección social en los países de la UE que muestra que el gasto social público en España en 2001 fue el 20% del PIB, el más bajo de la UE junto con Irlanda, y desciende desde 1994. España es también el país con gasto social per cápita más bajo de la UE (3.244 euros frente a los 5.606 euros de media de la UE). Este descenso del gasto social en relación con el PIB ha tenido lugar al mismo tiempo que el crecimiento económico del país ha aumentado considerablemente y el gasto social utilizado en la cobertura del desempleo ha ido disminuyendo como resultado del descenso del paro. Habría sido razonable que los gobiernos españoles hubieran aprovechado esta situación económica favorable para aumentar el gasto social a fin de ir acercándonos al promedio del gasto social europeo, que es el 27,1% del PIB. Así se podrían haber ido corrigiendo los déficits de gasto público tan grandes que existen en muchas áreas del Estado del bienestar español. Tanto en sanidad, como en educación (desde escuelas de infancia hasta centros universitarios, incluyendo educación primaria y secundaria), como en servicios de ayuda a las familias, así como en pensiones, el gasto público español está muy por debajo del promedio de la UE.

Los gobiernos españoles, sin embargo, no han utilizado esta coyuntura económica favorable para corregir el déficit social. Antes al contrario, los ahorros conseguidos de la disminución de los gastos de desempleo y el superávit público generado por el crecimiento económico se han destinado a cubrir el déficit presupuestario, objetivo prioritario del gobierno conservador de Aznar, que él ha definido como su obsesión personal. Con ello, la distancia en el gasto social per cápita entre los países cuyos gobiernos tienen menor sensibilidad social (como España) y los que tienen mayor sensibilidad (Suecia, Noruega, Dinamarca y Holanda), ha aumentado considerablemente, pasando de ser tres veces inferior en 1998 a ser casi cuatro veces inferior en 1999, un cambio enorme en sólo un año. Mientras el gobierno está muy satisfecho de estar a la cabeza de los países de la UE que han alcanzado un déficit presupuestario cero, permanece muy silencioso sobre las consecuencias de querer alcanzar tal déficit a costa del gasto social, situándonos a la cola de países con sensibilidad social.

El gobierno intenta corregir este déficit público a base

de aumentar el gasto privado. Desde el Ministerio de Educación se ha apuntado en varias ocasiones la necesidad de estimular la iniciativa privada para resolver el bajo gasto público en educación. Pero ¿cómo se va a resolver el déficit, por ejemplo, de la escuela secundaria (que invierte sólo el 40% del promedio de la UE y que tiene una de las tasas de fracaso escolar más alta de la UE) a base de que el sector privado provea el otro 60% que nos falta para llegar al promedio de la UE? Tal medida es irreal. Es más, traduce una falta de percepción de que hoy una buena enseñanza, como una buena sanidad, no puede financiarse con fondos privados. Los fondos privados pueden complementar pero no sustituir a los públicos. Incluso Estados Unidos, el punto de referencia de las voces privatizadoras, tiene un gasto público en enseñanza mayor que España, y financia con fondos públicos los mejores centros universitarios, sean de propiedad pública o privada. Lo mismo en sanidad. Estados Unidos invierte en sanidad pública para los ancianos (7,2% del PIB) más de lo que España invierte para toda su ciudadanía (5,8% del PIB). La austeridad pública que el gobierno practica condena a España a un subdesarrollo social permanente.

II. ¿CÓMO ESTÁN LAS FAMILIAS?

1. LA RETÓRICA PRO FAMILIAR DEL DISCURSO OFICIAL DEL PAÍS

Una de las contradicciones más acentuadas de nuestra sociedad catalana es el contraste que existe entre el discurso oficial dominante, que define a la familia como el módulo central de nuestra sociedad, y el escasísimo desarrollo de las políticas públicas de apoyo a las familias. Como he indicado anteriormente, tanto si analizamos las transferencias de fondos públicos a las familias (como subsidios o exenciones fiscales) como los servicios públicos de apoyo a la familia, tales como las escuelas de infancia o los servicios de ayuda domiciliaria a los ancianos y discapacitados, Cataluña se caracteriza por una gran escasez en el desarrollo de estas transferencias y servicios. Su gasto público en servicios de apoyo a las familias (como porcentaje del PIB) es mucho menor que el promedio de la comunidad europea, e incluso menor que el promedio español. Una situación semejante se observa cuando analizamos la cobertura de tales servicios para niños, ancianos o discapacitados. El porcentaje de la población infantil de 0 a 3 años en escuelas públicas de infancia en Cataluña es menos de la mitad del promedio de la UE y seis veces menor que el promedio de los países del norte de Europa, de tradición socialdemócrata. Otro tanto ocurre con los servicios domiciliarios, que cubren sólo el 1,5% de los ancianos de Cataluña, porcentaje más bajo que el promedio español (1,6%) y mucho más bajo que el promedio de la UE (4,5%) y del norte de Europa (19,5%). En plazas de residencias para ancianos, el déficit es incluso mayor: sólo Galicia y Cantabria tienen un récord peor.

¿Quién cubre estas insuficiencias tan notables del Estado del bienestar catalán? La respuesta es clara: la familia cubre estos déficits. Ahora bien, cuando decimos familia, queremos decir en realidad la mujer, que es la que tiene mayor responsabilidad dentro de la familia en lo que respecta al cuidado de los niños y ancianos. Además de estas responsabilidades, se añade la de cuidar a los hijos e hijas adultos en paro que continúan en casa debido a que no tienen trabajo ni vivienda (el 84% de los jóvenes parados de nuestro país viven con sus padres, frente a sólo el 5% de los países nórdicos). Todas estas responsabilidades representan una enorme carga familiar, y muy en particular una gran carga sobre la mujer. La mujer catalana, junto con la española, es la que trabaja más horas a la semana en tareas familiares en toda la UE. Esta situación de escaso apoyo de las políticas públicas a la familia tiene un coste elevadísimo, tanto para las mujeres adultas como para la sociedad. Las mujeres de 30-50 años de edad son las personas con más enfermedades de estrés de la sociedad catalana. Toda mujer que lea estas líneas sabe muy bien de lo que estoy hablando. Detrás de estas cifras hay gran sacrificio, desazón y agobio, síntomas de una gran sobrecarga familiar.

Otra consecuencia de esta falta de apoyo a la familia y

53

a la mujer es el retraso en el proceso de formación familiar, puesto que la juventud encuentra serias dificultades a la hora de encontrar trabajo y vivienda, dos condiciones para comenzar un hogar. Este retraso explica la baja fertilidad de Cataluña, una de las más bajas hoy en el mundo. Si no aumentan los servicios públicos de apoyo a las familias, disminuye el paro femenino y mejora la situación de las viviendas para los jóvenes, Cataluña continuará con una muy baja tasa de fertilidad.

La ausencia de esas estructuras públicas de apoyo a la familia tiene también un coste económico enorme: explica la tan baja participación de la mujer en la fuerza del trabajo, la mayor causa de la baja tasa de actividad laboral en nuestro país. Sólo el 38% de las mujeres adultas están integradas en el mundo laboral, cuando la media de la UE es del 53%. No es por casualidad que los países de la UE en los que hay mayor participación de la mujer en el mundo laboral (74%) sean los nórdicos, donde existe un mayor desarrollo de tales servicios de apoyo a la familia. Esta integración de la mujer en el mercado de trabajo es, a su vez, facilitada por la amplitud de estos servicios del Estado del bienestar que crean empleo, el cual se genera no sólo por su propia expansión, sino también porque dicha integración crea una demanda de servicios (tales como limpieza, tintorería, restaurantes) que antes se realizaban en la familia. De ahí que la resolución de los problemas de las familias también contribuya a resolver los problemas de desempleo. Si Cataluña tuviera el porcentaje de población adulta trabajando en los servicios de ayuda a la familia, así como en sanidad y educación, que tienen los países nórdicos, nuestro país tendría pleno empleo.

La solución a la sobrecarga de las familias catalanas no puede limitarse a dar ventajas fiscales a las familias que tienen niños o cuidan discapacitados o ancianos, como propone la Generalitat; tiene que incluir la provisión de servicios de ayuda a las familias, tanto escuelas de infancia como servicios domiciliarios de atención a los ancianos y discapacitados, estableciendo el acceso por parte de todas las familias a tales servicios como un derecho de ciudadanía, como lo son el acceso a la sanidad y a la educación. La opción política gobernante en la Generalitat ha sido reacia a aceptar este principio de universalización de tales derechos debido, en parte, a su visión conservadora, que ve a la familia y a la sociedad civil como las responsables de resolver tal problema social (sobrecargando como consecuencia a la familia y a la mujer). Y en parte, también, a una supuesta carencia de fondos, argumento que entra en contradicción con su política de apoyo a la reforma fiscal regresiva que mencioné anteriormente. Las familias catalanas se merecen mejores políticas públicas.

2. LA REALIDAD: POBREZA DE AYUDAS A LAS FAMILIAS

Una pregunta frecuente en los medios de comunicación es por qué tenemos en España y en Cataluña la fertilidad más baja del mundo. La respuesta es que ni la sociedad catalana ni la española ofrecen seguridad a la mujer joven. Los datos hablan por sí solos. Según la EPA –la única encuesta de la situación laboral que mide con certeza el desempleo en nuestro país–, el paro entre las mujeres jóvenes (16-25 años) en Cataluña es del 20% y el de España es del 31%, de los más altos de la UE. La mujer joven no puede independizarse, lo que la fuerza a vivir con sus padres hasta que tiene 30 años (edad promedio en que la mujer joven deja su domicilio parental). Es difícil tener piso propio y crear una nueva familia a no ser que la mujer joven o su pareja tengan trabajo. Pero el problema es todavía más grave que la falta de trabajo. Esta mujer joven, cuando por fin encuentra trabajo, carece también de una infraestructura que le permita compaginar su responsabilidad profesional con su responsabilidad familiar, situación que comparte, por cierto, con la mujer adulta. Las mujeres españolas y catalanas están sobrecargadas; trabajan como promedio semanal 44 horas en labores familiares, cuidando de los niños, de los ancianos, de las personas con discapacidades, de los jóvenes en paro y de las personas adultas. Ninguna otra mujer en la UE trabaja en labores familiares tantas horas a la semana, y además el 38% trabaja también fuera de casa. Varias sociedades europeas (como las sociedades escandinavas, de tradición socialdemócrata) proveen servicios de ayuda a la familia como un derecho de ciudadanía, lo cual implica que una mujer trabajadora tiene derecho a enviar a sus niños de 0 a 3 años a escuelas de infancia de 8.30 de la mañana a 6 de la tarde, y de tener hasta un total de cinco visitas de servicios domiciliarios al día para cuidar a miembros de la familia discapacitados.

El lector me permitirá contarle una situación personal que viví hace ya siete años. Como menciono en la introducción del libro, cuando tuve que exiliarme de Cataluña en los años sesenta por razones políticas, el gobierno sueco me dio cobijo. Allí conocí a mi esposa, que es sueca. Hace siete años mi suegra, sueca, de 84 años, se cayó y se rompió la cadera. La misma semana, le ocurrió lo mismo a mi madre, de 93 años, aquí, en Barcelona. Aquella situación me permitió comparar cómo dos sociedades —la sueca y la catalana— cuidan de sus ancianos. En Suecia mi suegra tenía derecho a recibir cinco visitas de los servicios domiciliarios, una por la mañana, cuando la levantaban, la aseaban y le daban el desayuno, otra al mediodía para hacerle la comida, otra por la tarde para hacerle compañía, otra por la noche para hacerle la cena y meterla en la cama y otra a las 2 de la madrugada, para llevarla al lavabo. El lector es probable que lance un suspiro de admiración, de sueño de una realidad de difícil alcance aquí. Pues bien, cuando comía con mi amigo el ministro de Sanidad y Bienestar Social de Suecia me decía: «Vicenç, estos servicios los proveemos a personas que están en situación como tu suegra porque es un programa muy popular; porque es más económico tener a tu suegra en su casa con servicios domiciliarios que en una institución, y porque creamos empleo.» (El 8% de toda la población adulta trabaja en estos servicios de ayuda a la familia, frente a un 0,8% de España). Veamos ahora quién cuidaba a mi madre. No hay en Cataluña servicios que se parezcan a los que recibía mi suegra. A lo más, hay unas compañías privadas de atención domiciliaria a los ancianos (que no hacen ninguno de aquellos servicios, limitándose sólo a hacer compañía a los ancianos), cuyo coste está claramente fuera del alcance de la mayoría de la ciudadanía. En ausencia de esos servicios, mi hermana (de mi generación) cuidaba de mi madre. La mujer catalana y española es la que cubre las enormes insuficiencias del Estado del bienestar, pero con un enorme coste personal. Las hijas y nietas de las mujeres de la generación de mi hermana, sin embargo, no harán lo que sus madres hicieron, y con razón. Las familias siempre serán las que se sentirán responsables del cuidado de hijos y ancianos, pero necesitan ayuda; no se les puede continuar exigiendo tal nivel de dedicación y absorción. No es justo limitar el potencial de las mujeres negándoles que puedan desarrollar su vida profesional.

El paro de la mujer joven sueca es sólo del 8%. Vive en su propia casa desde que tiene 20 años y tiene como derecho de ciudadanía el poder acceder a los servicios de ayuda a la familia. No es sorprendente que la fertilidad en Suecia sea mucho más elevada que en España. Últimamente, y debido a las políticas económicas del gobierno conservador sueco, que dieron como resultado un aumento del desempleo juvenil en los años noventa, el índice de fertilidad disminuyó. Pero la tasa de fertilidad de Suecia y de los otros países de tradición socialdemócrata continúa siendo de las más altas de Europa.

Hay otra condición para que la mujer joven se considere segura que no se da ni en Cataluña ni en España. Es el apoyo de la pareja a la hora de compartir las labores familiares. Y ahí sí que soy pesimista. El varón sueco dedica 22 horas semanales a las labores familiares, frente a las 6 horas del varón catalán y español. El lector me permitirá compartir otra nota biográfica. Cada año doy clases a estudiantes de 20 a 22 años en la Johns Hopkins University de Estados Unidos y en una universidad catalana, aquí, en Barcelona. Cada año les hago a los varones estudiantes de las dos instituciones la misma pregunta: ¿Cuántos de ustedes saben cocinar un plato de espaguetis que sea bueno además de comestible? Sólo el 30% de los estudiantes levantan la mano en Barcelona frente prácticamente al 100% de los estudiantes de la Hopkins. La causa es fácil de entender. En Estados Unidos los hijos dejan la casa de sus padres a los 17-18 años y tienen que cuidarse ellos mismos. La mayoría de estudiantes españoles, sin embargo, todavía viven en casa y las madres los cuidan y les cocinan. Esta dependencia familiar, además de sobrecargar a la mujer, inhibe el potencial de la juventud, dependencia que se impone como consecuencia de la inhabilidad de proveer a los jóvenes con medios para independizarse. Las becas universitarias en España, por ejemplo, son muy pobres y escasas, y ahora, bajo un gobierno conservador, están incluso disminuyendo. No estoy, por lo tanto, culpabilizando a los jóvenes, sino a un sistema que reproduce unas dependencias que inhiben el desarrollo de la población adolescente. Ello también repercute en el retraso del proceso de formación familiar, causa de la baja fertilidad. Ni que decir tiene que también intervienen otros factores, pero los aquí citados juegan un papel clave.

3. LA FALSA LUCHA DE GENERACIONES

Ahora que ha desaparecido prácticamente de la cultura mediática y de la política del país el discurso de lucha de clases, está apareciendo otro, el de lucha de generaciones, según el cual los ancianos consumen un excesivo número de recursos públicos a costa de recursos que podrían asignarse a jóvenes e infantes. Entre estos recursos «excesivos» consumidos por los ancianos, las pensiones son sujeto de especial crítica al considerarse su financiación insostenible, mensaje promovido por la banca y las compañías de seguros que organizan simpósiums y publican informes que gozan de gran visibilidad mediática debido a las grandes cajas de resonancia que les ofrecen los medios de información y persuasión. Entre ellos, los más importantes fueron las predicciones de colapso de la Seguridad Social para el año 2000 que tanto FEDEA como BVT efectuaron a principios de los años noventa. El año 2000 llegó, sin embargo, y la Seguridad Social mostraba un superávit responsable, por cierto, de que el déficit público del Estado español sea de los más bajos en la UE.

59

Últimamente nos está llegando otro mensaje, que en ocasiones se reproduce también en sectores de la izquierda, que subraya que el aumento de la media de esperanza de vida hace el sistema de pensiones inviable, por lo que se recomienda que se retrase un par de años la edad de jubilación. Se argumenta que en el futuro las condiciones del mercado de trabajo serán satisfactorias (como ocurre en sectores profesionales altamente cualificados hoy) de tal modo que serán los propios trabajadores los que desearán retirarse más tarde. Tal argumento olvida, sin embargo, que aun cuando es cierto que el número de trabajos altamente cualificados irá aumentando, el número de puestos de trabajo de tipo repetitivo y no altamente cualificado también aumentará. En Estados Unidos, el Ministerio de Trabajo ha predicho que en números absolutos la mayoría de trabajos nuevos creados serán de cualificación media y baja, hecho que se olvida en el entusiasmo generado por la sociedad del conocimiento y la nueva economía. Hay que tener en cuenta que los grupos profesionales de alta cualificación (personas que gozan mientras trabajan) son una minoría en el mercado laboral. La mayoría de trabajadores son personas supervisadas, con poco control sobre su trabajo y que consideran como primer objetivo del trabajo conseguir una renta que les permita cumplir sus deseos. Es muy improbable que dentro de veinticinco o treinta años esta situación cambie y que la mayoría de la ciudadanía tenga un tipo de trabajo tal, que desee continuar ejerciéndolo después de treinta y ocho o cuarenta años. Vale la pena añadir que los estudios del Centro de Estudios de Salud e Higiene del Trabajo de la Johns Hopkins University muestran que incluso entre profesionales cualificados hay un agotamiento *(burn out)* cuando trabajan durante un período superior a cuarenta años. No hay que olvidar que la edad promedio de jubilación en España es de 63 años, que no es de gran precocidad. En Alemania es de 60 y en Francia de 58 años. Alemania, por cierto, ha decidido en sus últimas reformas del sistema de pensiones continuar manteniendo los 65 años como la edad de jubilación.

Por otra parte, no hay problema de sostenibilidad en la Seguridad Social en España cuando se analizan contribuyentes versus pensiones contributivas. El problema aparece cuando se exige a la Seguridad Social que abone los costes que, en realidad, debieran abonar el Estado o las propias empresas. La Seguridad Social, por ejemplo, subvenciona las pensiones no contributivas y también subvenciona a las empresas (contribuyendo a la reconversión industrial, facilitando la recuperación económica) a costa de pagar jubilaciones anticipadas. Así, Telefónica, que ha conseguido unos beneficios de 1.810 millones de euros, recibe una subvención de la Seguridad Social de 241 millones de euros para pagar las pensiones de los trabajadores que han sido forzados a jubilarse antes por la empresa. ¿Por qué esta magnanimidad de la Seguridad Social con las empresas o con el Estado? Esta magnanimidad beneficia a las empresas, pero perjudica a los trabajadores que se jubilan antes, pues al cotizar menos años, reciben pensiones menores. Pensemos que una cuarta parte de todas las pensiones son mínimas. Las empresas o el Estado debieran continuar pagando a la Seguridad Social hasta los 65 años para asegurarse que los trabajadores jubilados anticipadamente no salgan perjudicados en sus pensiones.

Sería por tanto un gran error eliminar el tope de los 65 años como norma general de jubilación, aun cuando sea aconsejable que se flexibilice la edad de retirarse para aquellos grupos profesionales que lo deseen y cuyas empresas lo permitan. Por lo demás, eliminar la edad de jubilación o retrasarla como regla general sería retroceder en una gran conquista social. Es más, el mundo empresarial, que es de una gran dureza en España (basta recordar que España es el país de la UE con mayor fatalidad laboral), utilizaría esas reglas en contra del trabajador maduro. En lugar de retrasar la edad de jubilación, lo que se requiere en España es aumentar el número de trabajadores, facilitando la integración de la mujer en el mercado laboral, a partir de la universalización del derecho de acceso a los servicios de ayuda a la familia que permitan a la mujer compaginar sus responsabilidades familiares con las profesionales. Si el porcentaje de mujeres que trabajan en España fuera la media de la UE, habría 3 millones más de trabajadoras, cuyas cotizaciones sociales e impuestos permitirían incluso la expansión necesaria del Estado del bienestar español, que es muy deficiente tanto en el cuidado de los ancianos como de los jóvenes y niños. Por desgracia, tales medidas expansionistas chocan con la moda fiscal de los dos partidos mayoritarios del país, que compiten entre sí para ver quién baja más los impuestos, alcanzando su mayor expresión en la propuesta hecha por el equipo económico de uno de ellos, que ha aconsejado la eliminación de la progresividad formal fiscal del impuesto sobre la renta, torpeza económica y política que significará un coste político elevado de rechazo, liderado paradójicamente por el partido del gobierno, que se presentará como el gran defensor de la progresividad, y ello a pesar de haber sido el responsable del descenso más marcado del gasto social (como porcentaje del PIB) en España que ha tenido lugar desde la democracia.

III. EL MERCADO DE TRABAJO

1. SEGURIDAD SOCIAL, EMPLEO E INMIGRACIÓN

Quienes en círculos políticos y financieros catalanes y españoles sostienen que la Seguridad Social es insostenible, argumentan que la transición demográfica y el envejecimiento de la población que implica (según la cual hay cada vez más personas que reciben pensiones y menos gente joven que pueda pagar las cotizaciones sociales que las sustentan) forzará una reducción de las pensiones o un retraso obligatorio de la edad de jubilación. En este discurso alarmista se ignoran varios hechos básicos. Uno de ellos es que, según el sistema de financiación de la Seguridad Social que tenemos, las aportaciones a la Seguridad Social no dependen del número de personas jóvenes que existen por cada persona anciana en edad de jubilación, sino del número de trabajadores que coticen a la Seguridad Social por cada pensionista. Y en España es difícil argumentar que nos falte gente que pueda y quiera trabajar. Si todas las personas que no tienen trabajo y desean trabajar lo tuvieran, habría más de dos millones de trabajadores más cotizando a la Seguridad Social. A este número deberíamos su-

mar el de las mujeres que no trabajan y que se incorpora-
rían al mercado laboral si se les ofreciera un puesto de trabajo que les permitiera compaginar las responsabilidades
familiares con las profesionales, permitiendo entonces que
la bajísima tasa de ocupación de la mujer (38%) alcanzara
la media de la Unión Europea (53%).

Naturalmente que estos cambios no se llevarían a cabo
de la noche a la mañana. Podrían ocurrir en ocho o diez
años, si hubiera una política nacional de pleno empleo que
hoy no existe. También hay que tener en cuenta otra ten-
dencia favorable al mantenimiento e incluso a la expansión
de la Seguridad Social, a saber, el aumento paulatino de los
salarios como consecuencia del aumento de la productividad laboral. En general, a mayor salario mayor contribución a la Seguridad Social. De haber unas políticas de pleno empleo encaminadas a crear empleo y a mejorar su
calidad, podría haber más trabajadores con salarios más altos y por lo tanto la masa salarial aumentaría lo suficiente
para incrementar todavía más los fondos de la Seguridad
Social. A este aumento salarial, deberíamos añadir otro
tipo de aumento, resultado de corregir la discriminación
en contra de la mujer que determina que mujeres que realizan el mismo trabajo que los hombres reciban un salario
menor. La necesaria corrección salarial que garantizase que
las mujeres ganaran el mismo salario que los hombres aumentaría un 3% toda la masa salarial, y aumentaría todavía más la recaudación para la Seguridad Social.

El lector puede ver con estos datos que el problema
no es la falta de gente que pueda trabajar y cotizar a la Seguridad Social para garantizar su solvencia (e incluso su
muy necesaria expansión). El problema está en la oferta de
puestos de trabajo, sobre todo de buenos puestos de trabajo. Éste es el meollo de la cuestión. Y este problema no

puede resolverse sin políticas públicas de empleo encaminadas a estimular empleo privado y público de alta calidad. Y ahí el fallo, tanto de este gobierno como de los anteriores, es mayúsculo.

El problema se agrava cuando vemos que, en realidad, hay oferta de trabajo pero no hay una política de equilibrio entre oferta y demanda. Hoy, en Cataluña y en España, se intenta satisfacer gran cantidad de oferta de trabajo con obra de mano mal pagada, inmigrante, y se piden unas cuotas exageradas de inmigración, a fin de crear una gran demanda de puestos de trabajo baratos que baje los salarios. Sin embargo, esta vía, la inmigración, no resolverá esta situación; antes al contrario, reproducirá esta polarización, trabajos bien pagados para españoles, trabajos mal pagados para inmigrantes. Esta polarización debilita a toda la fuerza de trabajo, incluyendo a los primeros. Por otra parte, la existencia de este tipo de trabajadores previene al empresario de hacer una inversión para incrementar la productividad y, por lo tanto, el salario del puesto de trabajo. Permitir salarios bajos es perpetuar la ineficiencia económica de un país. Hay que tener en cuenta que, en realidad, hay muy pocos trabajos que sean intrínsecamente de baja calidad. Que lo sean o no, depende de factores políticos, entre otros. La asistencia domiciliaria a personas con discapacidades y a ancianos (erróneamente definida por el lenguaje machista dominante como labor poco cualificada), que en España es realizada por lo general por trabajadoras (muchas de ellas inmigrantes) pésimamente pagadas y sin ninguna formación, se realiza en Finlandia por profesionales cualificados que reciben su formación en la universidad.

Lo que hay que hacer es exigir un aumento de la calidad de los puestos de trabajo mediante intervención pública y a través de medidas como el aumento del salario mínimo (de los más bajos de la UE), de forma que se dificulte la reproducción de puestos de trabajo bajos. Complementando esta estrategia, hay que hacer una oferta de trabajo más flexible que permita la integración de la mujer. Hay ejemplos exitosos en Cataluña de empresarios que han hecho ofertas flexibles para sus trabajadoras y que han visto cómo se incrementaba notablemente su productividad. Por último, otra dimensión en la que el Estado no puede permanecer pasivo –como lo está hoy– es la de facilitar la integración de la mujer en el mercado de trabajo. A pesar de la retórica pro familiar, en realidad España es un país que sobrecarga a la familia, y muy en especial a la mujer, debido a las grandes limitaciones de los servicios de ayuda a las familias. Es impensable que esta insuficiencia del Estado del bienestar en general y de los servicios de ayuda a las familias en particular, y la baja tasa de ocupación de la población femenina que conlleva, pueda resolverse sin una participación muy activa del sector público que facilite el acceso a tales servicios de todas las familias y permita una mayor integración de la mujer en el mercado de trabajo. Para ello es necesario romper con la apelación a la austeridad del gasto público que se reproduce en el discurso político dominante en nuestro país.

2. ¿HAY FALTA DE TRABAJADORES?

El país está viviendo una situación angustiosa, porque de pronto, a partir de un informe de la ONU, parece haber descubierto que tiene un problema grave debido a su baja tasa de fertilidad, la más baja del mundo, lo cual nos convertirá en una sociedad anciana. Esto en sí no tendría por qué ser un problema. Ser anciano no es un problema, siempre y cuando la sociedad esté organizada para atender a este sector de la población y facilitar su integración social, situación que no es, sin embargo, el caso ni en Cataluña ni en España. Pero lo que es preocupante no es que haya muchos ancianos, sino que no haya suficiente gente trabajando para crear la riqueza que nuestra sociedad necesita. En realidad, gran parte del retraso económico de España sobre el resto de la UE se debe a que el porcentaje de población adulta que trabaja en nuestro país es de los más bajos de la UE. No hay suficiente gente trabajando. De ahí que se haya propuesto que la solución a este problema de falta de gente trabajadora sea la inmigración, lo cual causa alarma en ciertos sectores del país, preocupados por la pérdida de una supuesta homogeneidad étnica y cultural. De nuevo, otra situación se presenta como problema cuando en realidad no tiene por qué serlo. España, y en particular Cataluña, ha sido un país de inmigrantes y la inmigración lo ha enriquecido siempre.

Esta manera de presentar el problema y las propuestas para resolverlo son, sin embargo, erróneas. El hecho de que el porcentaje de población activa sea tan bajo no se debe a que no haya suficiente población adulta ni tampoco a que ésta no esté deseosa de trabajar. El problema es que no hay suficiente oferta de puestos de trabajo y que tampoco se facilita la integración de la población adulta en el mercado de trabajo, lo cual es especialmente obvio en el caso de la mujer. Veamos. Estamos ya oyendo voces en la profundamente conservadora cultura mediática del país que culpabilizan de la baja fertilidad en España a la mujer que antepone «egoístamente» su vocación profesional a su vocación familiar y maternal. Hemos oído a más de un tertuliano de este país decir que la integración de la mujer en el mercado de trabajo está causando incluso el deterioro de la familia, abandonando lo que se considera la principal misión de la mujer en España, que se asume es la de la reproducción biológica y social. Esta interpretación, sin embargo, no es sostenible. Suecia, por ejemplo, tiene uno de los porcentajes más altos de mujeres trabajadoras (el 79% versus el 38% en España) y goza de un índice de natalidad que dobla el español (1,52 versus 1,15). ¿Por qué? Suecia provee, como derecho de ciudadanía, acceso a los servicios de ayuda a las familias, los cuales facilitan su integración en el mercado de trabajo. Por otra parte, el paro entre las mujeres jóvenes en España es de un 31% y en Suecia sólo de un 8%. La mujer joven sueca tiene estabilidad y seguridad laboral y una infraestructura de servicios de apoyo que facilitan el proceso de formación familiar. A su vez, la puesta en marcha de tales servicios de ayuda a la familia crea una gran cantidad de puestos de trabajo (el 18% de la población adulta trabaja en los servicios del Estado del bienestar sueco, incluyendo servicios de ayuda a la familia, escuelas y servicios sanitarios, frente al 5% de España, el más bajo de la UE). A su vez, la integración de la mujer en el mercado de trabajo crea una demanda de servicios y puestos de trabajo (como lavanderías, limpieza, restaurantes, etc.) para cubrir las tareas que la mujer realizaba antes en casa. Esta integración de la mujer en el mercado de trabajo en Suecia es responsable de que el porcentaje de población que trabaja en Suecia sea uno de los más altos de Europa y también, por cierto, explica que se requiera poca inmigración, pues hay suficiente personal para realizar el trabajo necesario.

Éstos son los hechos ignorados en el presente debate sobre la inmigración, que está alcanzando términos hiperbólicos. En España no hay escasez de personas que puedan y deseen trabajar. El énfasis en la inmigración como solución a nuestros problemas es una manera de evitar la integración de la mujer y de los jóvenes en el mercado de trabajo. Si España tuviera la tasa de mujeres en el mercado de trabajo que tiene Suecia, no sería necesario depender del número de inmigrantes de que se habla en el reciente informe de la ONU sobre inmigración en España, que es a todas luces excesivamente alto. Pero existe otro tema que tampoco se cita en el debate presente cuando se señala que los inmigrantes son necesarios porque realizan trabajos que los españoles no desean hacer. Una alternativa no considerada, sin embargo, es aumentar la calidad y el pago de los trabajos realizados por la inmigración, evitando que la inmigración se utilice, como está ocurriendo hoy en España, como manera de abaratar puestos de trabajo, situación que la nueva Ley de Extranjería no evitará. Es sorprendente que en un país con una tasa de paro tan elevada se considere que la solución radica en la inmigración. La solución radica en facilitar la integración de la mujer y de los jóvenes (y de los trabajadores adultos con paro crónico) en el mercado de trabajo a través de medidas masivas, tales como el desarrollo de servicios que faciliten tal integración de la mujer en el mercado laboral y programas de reciclaje y formación mucho más intensos que los hoy existentes.

3. LA INMIGRACIÓN

En 1984 y 1988 fui asesor en temas sociales del candidato demócrata a la presidencia de Estados Unidos, Jesse Jackson, discípulo predilecto del gran líder de la lucha por los derechos civiles Martin Luther King. Esa experiencia, más el hecho de haber vivido en Estados Unidos durante treinta y ocho años, me ha enseñado que el racismo ha jugado siempre un papel importantísimo en dividir a la clase trabajadora y las clases populares de aquel país, debilitándolas en su lucha por aumentar sus derechos sociales y políticos. De ahí que las opciones conversadoras hayan intentado hacer ver al trabajador blanco que su enemigo o adversario es el trabajador negro (con quien compite por su lugar de trabajo), y que tiene más en común con el empresariado y el *establishment* estadounidense por ser blanco que con el trabajador negro por ser trabajador. Grandes sectores de la derecha estadounidense utilizan electoralmente el racismo como elemento movilizador de la clase trabajadora blanca (principalmente la no cualificada), que se siente amenazada por el trabajador negro, procedente históricamente de las zonas rurales o de la inmigración. Lo mismo ha ocurrido en Cataluña, como vimos en las declaraciones incendiarias de Marta Ferrusola, encaminadas a movilizar a las clases populares catalanas frente a un enemigo que además de acaparar todas las ayudas sociales está destruyendo el país. Este mensaje racista puede extenderse fácilmente debido a la inseguridad de amplios sectores de nuestra población, resultado de las condiciones precarias del mercado de trabajo catalán y del escaso desarrollo del Estado del bienestar en Cataluña. Hay que entender que el racismo no es un mero fenómeno cultural, sino que se basa en una realidad económica de inseguridad y precariedad. No es racista el más ignorante, sino el que se siente más inseguro. De ahí que los argumentos que se utilizan con frecuencia, incluso por sectores de la izquierda, para justificar la inmigración, contribuyan a reproducir esta inseguridad y esta ansiedad entre amplios sectores populares. Así, constantemente se dice que en España hacen falta trabajadores inmigrantes y se utilizan cifras a todas luces exageradas. En España, sin embargo, con el índice de desempleo más alto de la UE y uno de los mayores porcentajes de mujeres que expresan que quieren trabajar pero se quedan en casa porque no encuentran trabajo, no hay escasez de personas que desean trabajar. Tal como he señalado antes, si España tuviera el porcentaje de mujeres trabajadoras que tiene la media de la UE, habría 3 millones de mujeres trabajando más de las que hay hoy, que sumadas a los 2 millones de parados sumarían 5 millones de posibles trabajadores. En realidad, cuando se dice que hacen falta inmigrantes, se está diciendo que falta mano de obra barata, lo cual crea inseguridad en grandes sectores de la clase trabajadora, puesto que la existencia de un amplio sector con salarios bajos amenaza a todos los trabajadores pues presiona los salarios hacia abajo. El argumento que también constantemente se utiliza de que los inmigrantes ocupan los lugares de trabajo que los españoles no desean, ignora que no hay puestos de trabajo intrínsecamente de salario bajo. El empresario tiene dos opciones, o traerse inmigrantes mal pagados o invertir en el puesto de trabajo para aumentar su productividad y pagar mejor salario. En España, gran número de empresarios prefieren lo primero porque no están sujetos a la presión para que hagan lo segundo, debido en gran parte a la gran debilidad de los sindicatos y de la izquierda en nuestro país. Los salarios en el sector agrario, en hostelería, en servicios personales y en comercio (sectores donde se concentra el 82% de la inmigración) son de los más bajos de la UE. Por cierto, también quisiera expresar mi desacuerdo con las aseveraciones hechas por autores como Sami Naïr, que en su intento de estimular una respuesta positiva a la inmigración señalan que la inmigración salvará la supuesta crisis de la Seguridad Social, causada por una transición demográfica desfavorable. En realidad, no hay tal crisis, y en el caso de que la hubiera no se resolvería mediante la perpetuación y/o extensión de salarios bajos.

Grandes sectores de la izquierda de nuestro país están poco preparados para responder a este problema, puesto que ya no piensan en términos de clase (como lo prueba la ausencia incluso de términos como «clase trabajadora» del discurso político de izquierdas) y han aceptado acríticamente los argumentos economicistas de carácter conservador sobre la inmigración. Para romper con el racismo es importante, tal como aconsejaba Martin Luther King, que el trabajador blanco se dé cuenta de que tiene más en común con el trabajador negro por ser trabajador que con el empresario por ser blanco. Recordemos que Martin Luther King fue asesinado cuando estaba ayudando en la sindicalización y las reivindicaciones de los trabajadores de saneamiento (negros y blancos). En este aspecto, la intervención más importante para eliminar el caldo de cultivo del racismo es evitar la polarización del mercado laboral (los mercados laborales fuertes, como los de los países socialdemócratas escandinavos, tienen muchos menos problemas raciales que los mercados laborales deteriorados como el catalán y el español) y aumentar la seguridad y el bienestar de las clases populares a través de la expansión de los servicios del Estado del bienestar, tales como escuelas, vivienda, sanidad y servicios de ayuda a la familia. No es cierto que la mayoría de ayudas de vivienda pública en Cataluña sean para los inmigrantes, como Ferrusola dijo. Sí es cierto, en cambio, lo que no dijo, y es que la ayuda de la Generalitat a las viviendas públicas para todos los ciudadanos, nativos o inmigrantes, es de las más bajas de la UE. El gasto social como porcentaje del PIB en España es de los más bajos de la UE, y en Cataluña es incluso menor. Las políticas de gran austeridad social (y de apoyo a la desregulación del mercado laboral) que llevan a cabo las opciones conservadoras que gobiernan en Cataluña y en España, están aumentado la inseguridad, que es la base del racismo. Lo que se requiere es una extensión muy notable del deficitario Estado del bienestar catalán y español, que no debe centrarse en programas asistenciales al inmigrante, sino en programas universales que beneficien a toda la población y no sólo a unos cuantos.

IV. COHESIÓN SOCIAL Y DESIGUALDADES SOCIALES

1. COHESIÓN SOCIAL Y RADICALISMO DEMOCRÁTICO

En un editorial del diario *El País* del 9 de agosto de 1998 («La hora de Borrell») se aconsejaba al entonces candidato socialista a la Presidencia del Gobierno José Borrell que adoptara un programa que combinara un radicalismo democrático con propuestas de cohesión social, desalentándole a la vez a que siguiera una política de corte socialdemócrata clásico de expansión del Estado del bienestar –y de gasto público–, que el editorialista consideraba imposible hoy en España. Indicaba éste que la expansión del gasto público conllevaba un aumento del déficit y con ello la subida de intereses y el aumento del desempleo. El objetivo de este capítulo es aplaudir la llamada a una mayor profundización del proceso democrático español, a la vez que cuestionar la segunda propuesta, la de congelar el gasto público y social, lo cual, de realizarse, conllevaría un deterioro de la cohesión social.

Existe hoy en España un pensamiento muy generalizado que sostiene que la globalización y/o regionalización económica debilita el papel de los Estados, forzándolos a adoptar políticas, como la contención e incluso reducción del gasto y déficit públicos, que se consideran necesarias para favorecer su competitividad. Es interesante notar que esta postura continúa reproduciéndose a pesar de que la evidencia existente apunta precisamente en dirección contraria. El trabajo más reciente en este sentido es el estudio empírico publicado en la revista *Comparative Political Studies*[1] por los profesores Huber y Stephens, y que constituye la investigación más detallada y rigurosa realizada en los últimos años para comparar la eficiencia económica de los países de la OCDE durante el período 1960-1990. En este estudio se muestra que han sido precisamente los países que han estado más «globalizados», es decir, más integrados en la economía europea e internacional, los que han tenido Estados del bienestar más desarrollados. Estos países –Suecia, Noruega, Dinamarca y Finlandia, los países nórdicos, de tradición socialdemócrata– han sido los que han alcanzado un comercio exterior (como porcentaje de sus PIB) más desarrollado y a su vez han tenido el mayor gasto público y social (como porcentaje de su PIB), y la mayor cohesión social (medida por la universalidad y grado de cobertura del Estado del bienestar, el impacto redistributivo de sus políticas públicas y sus menores desigualdades sociales), lo cual les ha facilitado realizar los cambios necesarios para conseguir su mayor competitividad. Estos países fueron también los que durante ese período tuvieron mayores tasas de inversión, de crecimiento económico y de ocupación, con un desempleo menor.

En cambio, los países de tradición anglosajona liberal como Estados Unidos, Gran Bretaña y Canadá fueron los países que durante ese período estuvieron menos integra-

1. Junio de 1998.

dos en la economía internacional (con unos de los porcentajes más bajos de comercio exterior relativo a sus PIB), que tuvieron un grado de cohesión social menor (con desigualdades sociales más acentuadas), y alcanzaron un menor crecimiento económico y un mayor desempleo. Ni que decir tiene que existen excepciones en casos particulares y durante períodos cortos. Pero analizando –como debe hacerse– indicadores de eficiencia y equidad durante largos períodos de tiempo vemos que los países de «corte socialdemócrata clásico» han compaginado mejor el reto de la globalización e integración que los de corte liberal, y ello ha sido posible gracias a que son Estados altamente redistributivos que realizan una gran inversión en infraestructura de capital físico y humano, permitiendo una alta cohesión social y una alta competitividad. Este gran gasto público, por cierto, no conlleva un alto déficit público. En realidad, estos países socialdemócratas fueron los que tuvieron déficits públicos menores durante el período 1960-1990, en contraste con los países liberales citados anteriormente, que sí tuvieron déficits públicos muy acentuados. La expansión del Estado del bienestar y su impacto positivo sobre la competitividad ha sido posible en los países de tradición socialdemócrata gracias a una carga impositiva altamente progresiva y a un pacto social entre los agentes sociales (sindicatos y mundo empresarial), garantizado por gobiernos que contaron con el apoyo (debido a las políticas redistributivas y de pleno empleo) de sindicatos fuertes y unidos y el soporte del mundo empresarial, que respondía a las políticas públicas de apoyo al proceso productivo que incentivaban la inversión.

Es importante señalar que esos gobiernos socialdemócratas no han seguido políticas keynesianas de estimular la demanda a partir de la manipulación del déficit público;

antes al contrario, lo hicieron a partir de pactos sociales que requerían una legitimidad y fortaleza del Estado, claramente intervencionista, tanto en las esferas productivas como en el área redistributiva. Ha sido precisamente en los países liberales con un Estado débil, carentes incluso del mecanismo institucional que permitiera tal pacto social, donde ha habido que recurrir al déficit público como mecanismo para superar las recesiones. Esta experiencia, por cierto, confirma lo erróneo de las políticas seguidas por el gobierno español actual, que debilita al Estado a la vez que se compromete a mantener un déficit público muy reducido, resultado del criterio de convergencia monetaria. La reducción del déficit público y su eliminación como mecanismo de estímulo de la economía requiere precisamente unas políticas públicas opuestas a las realizadas hoy en España, es decir, un Estado intervencionista, tanto en sus elementos redistributivos como en los de apoyo al proceso productivo, que permita responder mejor a los retos de la competitividad. Es importante señalar, por cierto, que el aumento del desempleo en los países socialdemócratas del norte de Europa (presentado como prueba del fracaso de las políticas socialdemócratas), no se debe a un aumento de su «globalización» (en realidad, el porcentaje de su comercio exterior en relación con sus PIB ha sido casi constante durante los años ochenta y moventa), sino a cambios políticos que han tenido lugar dentro de esos países (tales como la dilución del pacto social y la división del mundo sindical en el caso de Suecia, donde se ha producido un aumento de la influencia política del capital financiero), que han debilitado el poder de intervención del Estado. Ahora bien, a pesar de estos cambios, el desempleo hoy en Dinamarca, Noruega y Suecia está entre los más bajos de la OCDE, y continúan siendo los países con mayor protección social y mayor capacidad de intervención por parte de sus Estados en las políticas productivas y redistributivas. En España, y en contra de lo que se aduce con frecuencia, el Estado (tanto a nivel central, como autonómico y local) es muy débil. Es un Estado muy rígido –herencia de una época anterior–, pobre (el número de empleados públicos por cada 1.000 habitantes es menor incluso que en Estados Unidos) y poco sensible a los problemas del ciudadano. Y con una legitimidad escasa por su identificación con un Estado predominantemente represivo del régimen anterior, que no se ha transformado suficientemente en la transición democrática, a pesar de los importantes cambios llevados a cabo durante la época democrática. De ahí la necesidad de una radicalización democrática que permita que el ciudadano vea al Estado como su servidor y no viceversa. Uno de los problemas más graves en la legitimidad de los Estados en muchos países europeos y en Estados Unidos es precisamente la creciente alienación de sectores de la población (incluso mayoritarios en algunos países, como sucede en Estados Unidos) hacia las instituciones del Estado, creada en parte por la distancia social que existe entre los que toman decisiones y gestionan las instituciones públicas por una parte y los que las utilizan y en teoría se sirven de ellas por otra. Esta distancia está reforzando esta crisis de legitimidad. Recuerdo que durante los nueve meses en los que tuve el privilegio de trabajar en la Casa Blanca, ayudando a Hilary Clinton en el fallido proyecto de reforma sanitaria, uno de los aspectos que me parecieron más preocupantes fue la gran distancia que percibí entre el *establishment* político de Estados Unidos y la opinión del ciudadano normal y corriente que constituye la mayoría de la población. Aquel *establishment* político, junto con el *establishment* mediático, tenía una agenda, un proyecto y un discurso muy alejado de los problemas de la vida cotidiana de la gran mayoría de la población de Estados Unidos. Esta distancia apareció también en la enorme repercusión del tema Lewinsky en los medios de comunicación y en el mundo político de Washington, lo cual contrastaba con la poca importancia que la mayoría de la población daba a estos hechos en comparación con otros que tienen que ver con su cotidianidad, como el estado de sus escuelas, hospitales, pensiones o centros de salud y la pérdida de capacidad adquisitiva, temas que tienen mucha menos repercusión entre las élites políticas y mediáticas. El grado de aprobación de las instituciones políticas –como el Congreso– y mediáticas fue disminuyendo muy marcadamente a medida que el tema Lewinsky iba adquiriendo mayor importancia en esos medios. Las encuestas de la CBS mostraban un descenso sin precedentes de 12 puntos en la popularidad del Congreso (controlado por el Partido Republicano) al día siguiente de que éste decidiera ofrecer a los medios de comunicación el testimonio del presidente Clinton. La crisis de confianza y legitimidad de esas instituciones se basa en esta distancia entre el *establishment* (que determina qué es lo importante en la sociedad) y el ciudadano normal y corriente, que sabe, mejor que aquél, qué es lo importante y relevante en su vida real.

En España estamos asistiendo a una situación parecida. Los temas que tienen mayor repercusión hoy en los medios de información son los temas constitucionales, los cuales no aparecen entre los temas que las encuestas muestran que inquietan más a la ciudadanía, que son la educación y el trabajo de sus hijos, la atención sanitaria y las pensiones, temas que no tienen la visibilidad que se merecen y que la población reclama. Hay una distancia política y social que está creando una alienación política hacia las instituciones democráticas y hacia los medios de información, y que explica, entre otros hechos, la popularidad de la demanda de realizar primarias en todos los partidos políticos. Añadiría yo, a título personal, otra propuesta que también se está introduciendo en Estados Unidos: el compromiso de que todos los candidatos a puestos políticos tengan que utilizar los servicios públicos que la mayoría de la población utiliza en caso de ser elegidos; es decir, que tales políticos deban enviar a sus hijos a escuelas públicas y en caso de caer enfermos utilicen los servicios sanitarios públicos. Esta propuesta democratizadora radical contribuiría a romper esta distancia entre los grupos de decisión y gestión de los servicios públicos y sus usuarios. Es interesante señalar, por cierto, que Blair desalentó el apoyo del Partido Laborista a un candidato a la alcaldía de Londres que enviaba a sus hijos a la escuela privada,[1] medida difícil de imaginar entre sus muchos seguidores de España y de Cataluña, muchos de los cuales utilizan la escuela y los centros sanitarios privados. Este acortamiento de las distancias entre las experiencias cotidianas de la élites gobernantes (y mediáticas) y la mayoría de la población gobernada, estimularía una mayor representatividad democrática y una mayor sensibilidad hacia los problemas reales que la población tiene, aumentando la cohesión social. Ésta, la cohesión social, depende no sólo de la ausencia de marginación y pobreza, sino también (y sobre todo) de la reducción de las distancias existentes como resultado de las desigualdades sociales. No es casualidad que los países de tradición liberal sean aquellos que tienen mayores desigualdades, mayor pobreza y menor cohesión social, mientras que los de tradición socialdemócrata tienen menores desigualdades, menor pobreza y ma-

1. *New Statesman*, 26-6-1998.

yor cohesión social. Es erróneo creer que se pueden conseguir políticas de cohesión social y de estímulo de la igualdad de oportunidades sin reducir las distancias y las desigualdades sociales que requieren una mayor intervención pública que la que hoy se practica en España.

2. CALIDAD DE VIDA Y DESIGUALDAD SOCIAL

Cada año el Programa de las Naciones Unidas para el Desarrollo (PNUD) publica un informe en el que los países del mundo son clasificados según su calidad de vida, cuantificada en un indicador que sitúa a España en un nivel muy avanzado. Hasta 1998 nuestro país aparecía entre el noveno y el undécimo lugar entre los países con mayor calidad de vida, situación que los medios de información señalaban con gran prominencia contribuyendo a crear la imagen tan extendida en el *establishment* mediático, político y económico del país de que España va bien. En Cataluña, los medios de comunicación se apresuraban también a informar al lector de que Cataluña incluso iba aún mejor. Y la Generalitat de Cataluña publicaba en 1999, como parte de la campaña electoral del partido que la gobierna, un informe *(Catalunya, un país que creix),* repartido a la población que reside en Cataluña, en el que subrayaba de una forma muy destacada que, según el indicador del desarrollo humano utilizado por el PNUD, Cataluña es el país de mayor calidad de vida del mundo después de Canadá y Noruega.

Este mensaje excesivamente acrítico de las realidades española y catalana continúa reproduciéndose a pesar de la información empírica publicada también en España, que cuestiona el carácter científico del indicador utilizado por el PNUD, mostrando que tal indicador fue elaborado en un contexto político que limitó su credibilidad científica. Naciones Unidas no es una institución científica sino una institución política, y como tal está sujeta a presiones que configuran sus informes y sus indicadores. Cuando este índice se desarrolló, las variables utilizadas para calcularlo fueron escogidas de manera tal que Estados Unidos (donde un niño de cada cuatro vive en la pobreza) saliera relativamente favorecido en esa liga de calidad de vida. De ahí que una variable muy importante de las cuatro utilizadas en el desarrollo de tal indicador fuera el porcentaje de población escolarizada, sin incluir, sin embargo, la calidad de tal escolarización. Tanto Estados Unidos como España tienen un elevado porcentaje de escolarización, lo cual sitúa a esos países en una posición muy favorable. Pero otros indicadores más creíbles científicamente, desarrollados en centros académicos y que incluían muchas más variables en el cálculo del indicador de calidad de vida que el indicador del PNUD, como la calidad de la educación recibida, posicionaban a España muy por detrás –el lugar vigésimo primero– en esa liga.[1] Los medios de información españoles continúan ignorando esta realidad. El PNUD, sin embargo, sensible a estas críticas, ha mejorado este año el indicador de calidad de vida, lo cual ha situado a España en su informe de este año en un vigésimo primero lugar, lo cual se debe primordialmente no al deterioro de la calidad de vida de los españoles, sino a una mejora en la forma de calcular tal indicador. En realidad, España, y Cataluña dentro de ella, están por detrás del lugar que se merecerían por su nivel de riqueza (medida por el PIB per cápita), lo cual

1. R. Estes, *The World Social Situation*, Universidad de Pennsylvania, 1997.

muestra el retraso social en que viven y que el *establishment* mediático ignora.

Un indicador que el PNUD no ha corregido, sin embargo, es el de las desigualdades sociales dentro de cada país. Según el indicador de desigualdades utilizado por el PNUD, España es el país de la UE con menores desigualdades sociales. Como expresaba un titular de *El País*, representativo de cómo la noticia se presentó en los medios de información españoles, «España es el país de la UE con una menor diferencia entre ricos y pobres, según la ONU» (13-7-1999). Al día siguiente, el mismo periódico comentaba en su editorial que «las disparidades sociales en España son las más bajas de la UE. Es un logro que hay que conservar» (14-7-1999). Otros editoriales, de otros rotativos, fueron menos comedidos, y celebraban todos que España estuviera a la cabeza de los países europeos que han corregido las desigualdades sociales.

Un lector con actitud más crítica, sin embargo, habría detectado algo sospechoso ya en las cifras del informe de 1999 del PNUD sobre las desigualdades sociales, puesto que señala que el promedio de renta de los ricos en España es de algo más de 22.237 euros, cifra que cualquier observador de cómo los ricos viven en España puede fácilmente considerar insuficiente para vivir como ellos viven en nuestro país. El indicador de la distribución de la renta utilizado por el PNUD es más sensible y recoge mejor las rentas del trabajo que las rentas del capital (que son en España de las más altas en la OCDE). Otros estudios más rigurosos, como el bien conocido y respetado estudio comparativo internacional de la distribución de la renta producido por el Luxemburg Study Group (LSG),[1] muestra que en con-

---

1. *Income Inequalities in Twenty Nations*, 1998.

tra de lo que dicen el PNUD y los medios de información en España, nuestro país tiene las mayores desigualdades de renta de la UE, con mayor porcentaje de gente que vive bajo el umbral de la pobreza. En realidad, es fácil ver quién lleva razón en el tema de si España es el país con menor o con mayor desigualdades de la UE o de si Cataluña es la región del mundo con menos desigualdades y mayor calidad de vida. Mientras que las cifras de distribución de la renta no son siempre creíbles o fáciles de calcular (España es junto con Italia el país de mayor fraude fiscal de la UE), las cifras vitales, en las que se registra la fecha y domicilio de nacimiento y muerte de los ciudadanos y residentes, sí lo son, lo cual nos permite cuantificar los años de vida de nuestra ciudadanía según su lugar de residencia habitual y clase social. Y es ahí donde las cifras de mortalidad dan más la razón al LIS que al PNUD. España es de los países de la UE con mayores desigualdades sociales, reflejadas en los años de vida que los ricos viven más que los pobres. En Cataluña, parte importante de España, la diferencia entre los años de vida de los ciudadanos que viven en las zonas residenciales más adineradas y los que viven en partes más humildes es de las más altas de la UE: diez años, tres más que la media de la UE. Y una situación semejante ocurre en otras comunidades de España.

Se olvida con excesiva frecuencia que la España democrática heredó una de las estructuras sociales más injustas en Europa, resultado, entre otros factores, de cuarenta años de una dictadura conservadora enormemente represiva con escasa sensibilidad social, sumamente favorable a las rentas del capital y muy desfavorable hacia las rentas del trabajo. La presión de las clases populares ejercida sobre las instituciones democráticas redujo considerablemente estas desigualdades sociales, no sólo entre ricos y pobres, sino entre todos los estamentos y clases sociales, reducción que tuvo lugar sobre todo en la década de los años ochenta y principios de los noventa. Y que afectó a la mayoría de la población y no sólo a sus extremos. Durante aquel período, el porcentaje de la renta nacional consumido por el 70% de la población aumentó, mientras que el porcentaje de la renta nacional consumido por el 20% de población de renta superior disminuyó. En Cataluña, donde el 25% de los hogares más acomodados consumen más del 45% de todo el consumo familiar, mientras que el 25% de los hogares de renta menor consumen sólo un 12% del consumo total, hemos visto cómo, después de la disminución de las desigualdades en aquellos años, éstas han aumentado de nuevo.[1] Hoy España (y con ella Cataluña) es el país, junto con Grecia y Portugal (países que también sufrieron dictaduras de derechas profundamente represivas y conservadoras), que tiene mayores desigualdades de rentas de la UE.

Es importante señalar que las políticas públicas llevadas a cabo por el gobierno conservador español, apoyadas por el partido gobernante de la Generalitat, han incrementado tales desigualdades, aumentando considerablemente la concentración económica en el país, con el consecuente perjuicio para la calidad de vida de la mayoría de la ciudadanía. Durante estos años hemos visto, por una parte, una reducción de la protección social y su efecto redistributivo, con descenso del porcentaje del PIB que el Estado gasta en pensiones, con reducción del gasto social en los servicios de ayuda a las familias, con disminución del gasto en escuelas públicas (al tiempo que se incrementaban las subvenciones a las escuelas privadas), con disminución del número de becas que permiten a estudiantes de familias de

---

1. *Les desigualtats socials a Catalunya*, Editorial Mediterrània, 1999.

rentas más bajas integrarse en los estudios, y un largo etcétera, mientras que, por otra parte, hemos visto también cómo las mismas opciones políticas desarrollaban y apoyaban políticas públicas que incrementaban sustancialmente las rentas de los grandes grupos empresariales y de las clases más acomodadas. Como he señalado antes, el gobierno español, por ejemplo, ha otorgado 7.213 millones de euros (una cantidad suficiente para ofrecer escuelas de infancia durante tres años a todos los niños de 0 a 3 años, que crearían a la vez 312.000 nuevos puestos de trabajo) de ayuda a los monopolios eléctricos, empresas que por cierto han obtenido de los beneficios empresariales más elevados de España. En Cataluña, este comportamiento monopolista ha significado que los ciudadanos catalanes estén obligados a contratar el suministro de electricidad con una de tales compañías eléctricas, Endesa. Y cuando la presión popular ha exigido un descenso de las tarifas (entre las más caras de la UE), este descenso ha beneficiado mucho más a las grandes empresas que al ciudadano catalán normal y corriente.

Contribuyendo al crecimiento de tales desigualdades, hemos visto también cómo el gobierno conservador español, con el apoyo de la opción política que gobierna la Generalitat de Cataluña, ha realizado una reforma fiscal altamente regresiva, de modo que las 125.000 personas de rentas más altas del país han dejado de pagar en impuestos cerca de 601 millones de euros (la cantidad suficiente para proveer servicios de atención domiciliaria a todos los ancianos incapacitados, que acarrearían la creación de 120.000 nuevos puestos de trabajo), una cantidad equivalente a la que el gobierno dice que dejará de pagar el 56% de los contribuyentes (casi 7 millones de personas), con rentas inferiores a 12.020 euros.

Es importante subrayar que antes de que la corrección de las desigualdades se ralentizara con las políticas actuales, la mayoría de estamentos y clases sociales se beneficiaron de la disminución de tales desigualdades en los períodos democráticos anteriores, aunque algunos de estos estamentos y clases se beneficiaron mucho más que otros. Y para amplios sectores de las clases populares estos beneficios han sido bastante lentos y tardíos. Entre estos últimos, está el barrio de Can'Anglada de Terrassa, uno de los enclaves catalanes que se distinguió por su lucha contra la dictadura franquista, y que ha sido sujeto a una continua discriminación de clase, incluyendo la de concentrar en él a una gran mayoría de inmigrantes de otra cultura y lengua que han afectado profundamente desde las escuelas a la cultura del barrio, originando una protesta que inmediatamente ha sido definida de racista por las élites bienpensantes de los medios de persuasión, que viven en su enorme mayoría en áreas no integradas. Aun cuando todo comportamiento racista (sea o no violento) debe denunciarse y condenarse, tal denuncia de racismo por parte de esas élites carece de credibilidad debido a su largo silencio frente a la continua discriminación existente contra la mayoría de vecinos de ese barrio, credibilidad que también está ausente cuando tal denuncia de racismo es hecha por autoridades gubernamentales que han estimulado a través de sus políticas públicas una polarización y descohesión social que ha significado el mejor caldo de cultivo para la explosión de tales fenómenos. Como bien decía Martin Luther King, «lo que siempre se oculta en la denuncia del racismo es que, con gran frecuencia, detrás del racismo hay clasismo, que condena a un futuro de temores, inseguridades y desesperanzado a una clase que lucha por las migajas del banquete que celebran los que reproducen con el clasismo las bases del racismo».[1] De ahí que las explosiones racistas en Estados Unidos (y en España) siempre ocurran en los barrios obreros más deteriorados. El problema no es, pues, la falta de tolerancia a la diversidad, sino el temor y la inseguridad debidos a la falta de oportunidades. El incremento de las desigualdades y de la polarización social ejercido por las élites gobernantes conduce a lo segundo, y con ello facilitan lo primero.

1. *The Biography of Martin Luther King*, Penguin Books, 1978.

IV. SANIDAD Y EDUCACIÓN

1. LA POBREZA DE LOS RECURSOS SANITARIOS PÚBLICOS

Hace aproximadamente un año leímos en los medios de comunicación que murieron siete personas en siete meses, entre 1999 y 2000, esperando ser sometidas a una operación de corazón en el Hospital de Sant Pau de la ciudad de Barcelona, resultado de una larga lista de espera que, para este tipo de intervenciones, es mayor que la media española, que a su vez es mayor que la media de los países de la UE. Quisiera felicitar al doctor Alejandro Aris, jefe del servicio de cirugía cardíaca del hospital donde tales hechos ocurrieron, por haber informado a la población de lo que estaba pasando en su servicio. Sería de desear que otros profesionales del sector hicieran lo mismo, porque, por desgracia, lo que ha pasado en el Hospital de Sant Pau no es un caso único. Hay personas que mueren y enfermos que no son atendidos por culpa de una escasez de recursos en los servicios públicos sanitarios, realidad ignorada, cuando no ocultada, en ese mensaje triunfalista de que España va bien y Cataluña todavía mejor. En realidad, España no va bien y Cataluña, en muchas áreas del Estado del

bienestar que afectan a la calidad de vida de la ciudadanía
–tales como las listas de espera–, va peor. Veamos.

Hay dos indicadores muy importantes para definir el
grado de compromiso político de los gobernantes de un
país con el sector sanitario público. Uno es el gasto sanitario público como porcentaje del PIB. Y el otro es el porcentaje de población adulta empleada en los servicios sanitarios públicos. Pues bien, en ambos indicadores, España
está muy por debajo de la media de la UE. En cuanto al
gasto sanitario público, España gasta el 5,8% del PIB, una
cifra de las más bajas de la UE. La media de la UE es 6,8%
del PIB. Pero la situación es incluso peor de lo que señala
esta cifra, puesto que si excluimos del gasto sanitario total
el excesivo porcentaje en farmacia (España es uno de los
países que más porcentaje del gasto sanitario público mayor dedica a farmacia –un 20% del gasto total–, resultado
del gran poder de la industria farmacéutica), vemos que el
gasto sanitario público español no farmacéutico (4,6% del
PIB) es el más bajo de la UE.[1]

Cuando analizamos el segundo indicador, el número
de personas ocupadas en el sector sanitario, nos encontramos con una situación parecida. Mírese como se mire,
bien cuantificando el número de personas ocupadas en el
sector sanitario por habitante, bien sea por paciente, bien
sea por su número total, el hecho es que en todos los casos
el número de personas que trabajan en el sector sanitario
es de los más bajos de la UE. Sólo el 2% de la población
adulta en edad laboral trabaja en el sector sanitario público en España, frente a un 5% en la UE.[2]

Esta escasez de personal y de otros recursos tiene un

1. OCDE, 1999.
2. *Employment in Europe*, European Commission, 1999.

enorme coste en la calidad de vida de la ciudadanía, y muy en especial de las clases populares, que son las que en mayor medida utilizan estos servicios públicos. Las largas listas de espera (en Cataluña incluso mayores en muchas intervenciones de gran importancia para explicar la calidad de vida de la ciudadanía, como son operaciones de cataratas, artrosis de rodilla, prótesis de cadera y otras), la masificación de los servicios, la frustración del personal sanitario por la carencia de infraestructuras, la gran infrautilización de los servicios públicos –tales como los quirófanos– debido a la falta de personal, y un largo etcétera, están basados en gran parte en esta escasez de gasto público. La ida a la medicina privada de sectores de rentas superiores tampoco resuelve el problema para estos sectores, puesto que la calidad de la infraestructura y del personal es menor en ésta que en la medicina pública, aun cuando el confort sea mayor.

Lo sorprendente es que, a pesar de esta escasez de recursos, el gasto público y social (incluyendo el sanitario) per cápita como porcentaje del PIB, en lugar de aumentar, está descendiendo, y ello en respuesta a una moda política que acentúa la necesidad de disminuir el gasto público a fin de poder competir con éxito en la economía globalizada. Esta moda, que ha alcanzado la categoría de dogma, se reproduce constantemente a pesar de que no existe prueba científica que la apoye. Otros países más integrados en la economía internacional y más competitivos que España, como son los países escandinavos de tradición socialdemócrata, tienen un gasto público y social mucho mayor. Pero las modas políticas son como las modas de prendas de vestir, cambian según los intereses económicos que configuran el gusto, en este caso, político. Siguiendo esta moda –y los intereses financieros que la promueven–

asistimos en España a una reducción del gasto público que se está realizando sobre todo a costa del gasto social y del gasto sanitario, que han descendido (como porcentaje del PIB) desde 1994 a un 19,9% en el año 2000 (según las proyecciones del gobierno español). El presidente del Gobierno ha señalado como uno de sus objetivos reducir todavía más el gasto público, que es ya uno de los más bajos de la UE. Es improbable que en ausencia de una presión popular el gobierno conservador español cambie sus políticas.

Por desgracia, algunos sectores de la oposición en España han aceptado las tesis de la Tercera Vía, que rehúyen pedir un mayor aumento del gasto público, siguiendo el ejemplo de Blair en Gran Bretaña, quien se comprometió, cuando salió elegido, a mantener durante dos años el porcentaje del gasto público del gobierno neoliberal conservador anterior. Como consecuencia, el deterioro de los servicios públicos, incluido el Servicio Nacional de Salud (las listas de espera en Gran Bretaña para intervenciones quirúrgicas mayores son las más largas de la UE, junto con España), se ha acentuado enormemente, forzando a personalidades del sector sanitario a escribir cartas a los medios de comunicación, como la del doctor Aris, protestando por la escasez de recursos. Estas cartas y otras protestas han impulsado una presión popular que, por fin, ha forzado una respuesta del gobierno Blair, que ha respondido con una inversión considerable en el sector sanitario tres años después de salir elegido. No confío en que tales hechos ocurran en España o en Cataluña, pues en general ni el *establishment* político español ni el catalán son conscientes del deterioro del sector sanitario, ya que sus integrantes o bien utilizan la medicina privada o bien reciben trato especial cuando van a la pública. Mientras, los ciudadanos normales y corrientes continúan sin tener resuelto uno de los mayores problemas de su cotidianidad: la sanidad pública.

2. LA SANIDAD CATALANA Y LA ESPAÑOLA

Seis semanas después de las elecciones generales del año 2000, que se interpretaron erróneamente por los medios de comunicación como síntomas de satisfacción del país con el estado de la nación, vimos surgir en España una protesta generalizada contra el estado de la sanidad pública. Algo no funciona en nuestros hospitales públicos cuando mueren pacientes en espera de ser intervenidos, como consecuencia de una escasez de recursos que alarga los tiempos de espera hasta periodos arriesgados. La respuesta de varios representantes gubernamentales intentó ser tranquilizadora, señalando que otros países también tienen listas de espera tanto o más largas que las nuestras y atribuyéndose tales listas de espera a la generosidad y universalidad de nuestro sistema.

Los datos, sin embargo, no dan pie para esta complacencia. El sector sanitario sufre un déficit crónico de gasto público, resultado en gran parte de cuarenta años de una dictadura enormemente represiva con escasa conciencia social. En 1975, cuando el dictador murió, el gasto sanitario público (3,8% del PIB) era el más bajo de los países que más tarde constituirían la UE. Sólo Grecia y Portugal, países que sufrieron dictaduras semejantes, tenían un gasto público sanitario tan bajo como España. El gasto público sanitario era incluso menor en Cataluña, debido a la discriminación del franquismo en contra de Cataluña. La democracia permitió que las demandas populares se crista-

93

lizaran en un aumento muy notable del gasto sanitario, que incluso fue mayor en Cataluña. Ahora bien, a pesar del gran incremento del gasto público sanitario, éste (5,8% del PIB) continúa siendo de los más bajos de la UE (cuya media es del 6,8% del PIB). Por otra parte, este crecimiento ha sido muy irregular, respondiendo en parte a la fuerza e influencia que tenían distintos grupos dentro del sector sanitario. A más fuerza, mayor gasto. Así, el gasto farmacéutico creció de una manera muy notable, alcanzando una de las cifras más elevadas de Europa occidental, y ello como resultado del gran poder de la industria farmacéutica en España. Nada menos que el 20% del gasto público sanitario se dedica a farmacia. Ahora bien, cuando excluimos farmacia del gasto sanitario público, vemos que el gasto sanitario público no farmacéutico es sólo un 4,6% del PIB, el más bajo de la UE. Ésta es una de las razones de que existan las largas listas de espera, una infrautilización de quirófanos, una masificación de servicios y una falta de confort hotelero del sector. Hay hospitales públicos, como el Vall d'Hebron de Barcelona, que albergan hasta seis camas por habitación.

Esta escasez de recursos se tolera debido a otra característica del sector sanitario español: su clasismo, muy desarrollado en Cataluña y otras comunidades autónomas que tienen un sector sanitario privado bastante extenso que atiende a las clases de rentas medias altas y altas, mientras que el sector público es utilizado predominantemente por las clases populares. De esta manera, el sector privado actúa como válvula de escape del sector público. El éxito de la privada se debe a las escaseces de la pública. Es interesante señalar que, a la vez que se asume erróneamente en el discurso político dominante que las clases sociales están desapareciendo en España, convirtiéndose la mayoría de la ciudadanía en integrante de las clases medias, la realidad sanitaria muestra que la sanidad española continúa dividida en clases; las clases de renta media alta y alta utilizan en general la medicina privada y las clases de renta media baja y otros sectores de las clases populares utilizan la sanidad pública. El punto de contacto entre las dos lo constituyen aquellos profesionales, como gran número de jefes de servicio, que trabajan en la pública por la mañana y en la privada por la tarde. Esta situación es homologable, por cierto, a que el capataz de la empresa automovilística Ford estuviera en realidad trabajando para la empresa General Motors, con la que Ford compite. No sería un sistema eficaz de gestionar la empresa. Y en cambio es la manera como se gestiona el sector sanitario público. Ahora bien, los intereses económicos y corporativos de la medicina privada, que son muchos y muy influyentes en los partidos de las derechas española y catalana (y de una manera preocupante en sectores de la izquierda también), se oponen a un cambio profundo de esta simbiosis entre la pública y la privada. Paradójicamente, las clases de rentas más altas que utilizan la medicina privada tampoco se benefician de esta situación, puesto que ésta tiene una infraestructura científico-técnica y un personal de menor calidad que la pública. Conozco personas acomodadas que han sufrido complicaciones en sus estancias en hospitales privados que no habrían sufrido en la sanidad pública.

La solución a esta descohesión social y falta de eficiencia económica pasa por tener un sistema público único para todas las clases sociales, que, manteniendo la riqueza científico-técnica y calidad de personal que tiene la sanidad pública, ofrezca también la capacidad de elección y confort que encontramos hoy en la privada. Ello requiere un aumento considerable del gasto sanitario hasta alcanzar el promedio de gasto público de la UE. Esta demanda va en contra de la cultura política gobernante del país, que está favoreciendo todavía más la reducción del gasto público, uno de los más bajos de la UE

3. ¿LA SÉPTIMA MEJOR SANIDAD DEL MUNDO?

La Organización Mundial de la Salud (OMS) publicó durante el año 2000 un ránking de países según la calidad del sector sanitario que situó a España en el séptimo puesto del mundo. Este informe creó una euforia en los dirigentes sanitarios del país que estaban a la defensiva debido a la queja generalizada sobre las listas de espera. Tanta euforia, sin embargo, era inmerecida. Se olvidaba que la OMS es una agencia de las Naciones Unidas, la cual no es una institución científica sino política, y sus informes y documentos tienen que evaluarse en este contexto. Hay muchos casos que así lo demuestran, como he explicado en un capítulo anterior respecto del indicador del PNUD sobre la calidad de vida. Varios investigadores en ciencias sociales criticamos aquel indicador y el método que se había utilizado para prepararlo, mostrando sus fallos.

Lo mismo ocurre con el indicador utilizado por la OMS, que adolece de defectos graves que disminuyen su credibilidad científica. Asume, por ejemplo, que la mayor causa de la reducción de la mortalidad en un país es la intervención de los servicios médicos, un presupuesto que es altamente cuestionable. En realidad, la evidencia científica muestra que la tasa de mortalidad de un país no depende primordialmente del sistema sanitario (el cual explica sólo un 5% de la variabilidad de la mortalidad entre países),

96

sino que depende de otros factores como la dieta y el ejercicio físico.

La OMS concluye, sin embargo, que el sistema español es muy bueno y eficaz porque, con un gasto sanitario relativamente bajo, está proveyendo servicios sanitarios a toda la población, lo cual se considera la causa más importante de su baja mortalidad, asumiendo erróneamente que los servicios sanitarios son los responsables de tal mortalidad baja. Ni que decir tiene que los servicios sanitarios pueden salvar la vida a los pacientes, como es el caso de las intervenciones de corazón, cuyas listas de espera están causando, con razón, gran angustia entre la población afectada. Pero la gran mayoría de servicios sanitarios no tiene que ver con cuestiones de vida o muerte, sino con la cuestión de cuidar de la población enferma (la mayoría de la cual tiene problemas crónicos) mejorando su confort y su calidad de vida. De ahí que el mejor indicador de calidad del sistema sanitario no sea el nivel de mortalidad de un país, sino la satisfacción de la ciudadanía con el sistema sanitario, la cual refleja la percepción que la población tiene de la capacidad del sistema sanitario a la hora de resolver pronto y con trato personalizado y confortable los problemas sanitarios con los que se encuentra en su cotidianidad. Y es ahí donde tenemos graves problemas. En una encuesta de opinión de los países más importantes de la OCDE, realizada por la Universidad de Harvard, la población española, la italiana (Italia aparece en el ránking de la OMS como el país que tiene mejor servicio sanitario del mundo, después de Francia) y la estadounidense son las que muestran mayor insatisfacción con el sistema sanitario, lo cual explica, por cierto, que España tenga un sector privado más extenso que la media de la UE, puesto que el confort en este sector es mayor que en el público aun cuando la calidad científica del personal y de la infraestructura sea mucho menor.

Hay una falta de recursos grave en la sanidad pública española, cuyo gasto sanitario no farmacéutico y cuyo porcentaje de población adulta que trabaja en los sectores sanitarios (2 trabajadores y profesionales sanitarios de cada 100 personas adultas) son de los más bajos de Europa occidental. El promedio del gasto sanitario público no farmacéutico de Europa occidental es del 6,2% del PIB y el número de personas que trabajan en el sector sanitario en la UE es tres veces superior al promedio de España. De ahí que el mismo día en que la OMS presentara el sistema sanitario español como uno de los mejores, la Asociación de Médicos de Atención Primaria, que conoce nuestra sanidad mucho mejor que la OMS, denunciara el escaso tiempo de visita que se permite en la práctica clínica habitual (3 minutos por paciente, con lo cual la expresión popular de «ir a ver al médico» es, desgraciadamente, acertada), exigiendo, con razón, que fueran 10 minutos, para lo cual se necesitan más recursos. Es precisamente en Cataluña donde la reforma de la atención primaria está más retrasada y donde el tiempo promedio por visita es menor. En realidad, no hay bases para esta euforia de que nuestra sanidad está bien. En realidad, podría y debería estar mucho mejor.

4. EDUCACIÓN: NECESARIA PERO NO SUFICIENTE.
LOS LÍMITES DE LA IGUALDAD DE OPORTUNIDADES

Existe hoy una postura generalizada en amplios sectores de la vida pública española que resta importancia a las políticas públicas redistributivas necesarias para corregir las grandes desigualdades sociales existentes hoy en España, acentuando, en su lugar, la necesidad de desarrollar políticas públicas encaminadas a ofrecer una igualdad de oportunidades a todos los ciudadanos, ofreciéndoles los instrumentos y conocimientos para que ellos mismos puedan ir ascendiendo por propio mérito en la escala social. Entre estos instrumentos está en un lugar preferente la educación.

Una pregunta legítima que debemos hacernos entonces, es: ¿hasta qué punto la educación española ofrece tal igualdad de oportunidades, es decir, facilita que todos los españoles tengan la oportunidad de alcanzar sus objetivos profesionales por muy ambiciosos que éstos sean, siempre y cuando sus méritos intelectuales así se lo permitan? Una condición para que tal igualdad de oportunidades ocurra es que todo español pueda acceder al máximo de educación existente, siendo su única limitación su propia capacidad intelectual. ¿Ocurre esto en España? Veamos los datos. Lo primero que salta a la vista cuando analizamos la educación en España es su escasez de recursos, lo cual destaca claramente cuando se compara, por ejemplo, el gasto público en educación en España con el resto de países de la UE. Así, mientras el gasto público promedio (como porcentaje del PIB) es de 5,64% en la UE, en España es sólo el 4,96% (OCDE, 1997). Tal gasto público en enseñanza es incluso menor en Cataluña, donde el gasto público educativo no universitario (del cual la Generalitat de Cataluña es la mayor autoridad responsable) es de 2.650 euros, menos que la media española, que es de 2.825 euros (J. Calero y X. Bonal, *Política Educativa y gasto público en educación*, Ediciones Pomares, 1999). La sociedad española gasta pocos fondos públicos en educación, y la catalana, todavía menos.

Este bajo gasto es causa y a la vez consecuencia de la segunda característica de la educación no universitaria en

99

España: su polarización social, que se expresa en que, en general, los niños, adolescentes y jóvenes procedentes de las clases de renta alta y media alta van a las escuelas privadas, mientras que los procedentes de las clases populares van a las escuelas públicas. Está claro que hay dos tipos de enseñanzas preuniversitarias, la privada y la pública, que sirven, en general, a distintos sectores de la población española que se diferencian principalmente –aunque no exclusivamente– por su nivel de renta, clase social y ubicación en el territorio español.

La tercera característica de la educación española no universitaria es que las políticas educativas de varias comunidades autónomas, como es el caso de Cataluña, reproducen esta polarización social, tal como he señalado en un capítulo anterior. El gasto público por estudiante en las escuelas públicas de Cataluña, por ejemplo, es de los más bajos de España, mientras que la subvención pública por estudiante a la escuela privada es la más alta de España.

Tanto la pobreza de recursos en la enseñanza pública como la polarización social que se reproduce en la dicotomía escuela pública versus escuela privada tienen sus orígenes en el dominio histórico que las fuerzas conservadoras han tenido en la configuración de la enseñanza en España, y muy en particular los cuarenta años de dictadura. En 1975, por ejemplo, el año en que el dictador murió, el gasto público educativo representaba sólo el 1,78% del PIB, muy por debajo de la media del gasto educativo de los países que luego formarían la UE, que en 1975 era de 5,40% (de su PIB). Durante aquellos años setenta, sólo el 4,2% de los estudiantes universitarios procedían de familias obreras (obreros cualificados y no cualificados) (C. Lerena, *Escuela, ideología y clases sociales en España*, Ariel, 1986).

La democracia permitió la expresión de los deseos po-

100

pulares a través de las instituciones representativas. La demanda de más y mejor educación pública fue una de las demandas populares más importantes y determinó un crecimiento muy notable del gasto educativo, sobre todo a partir de los años ochenta. Así, ya en 1991, el porcentaje del PIB en educación pública era de un 4,55%. Y el número de hijos de clase obrera en las aulas universitarias subió considerablemente, pasando a representar el 10,7% en aquel año de 1991. Es probable que este porcentaje sea hoy mayor debido a la gran expansión de la población estudiantil universitaria. Esta expansión, sin embargo (tal como mostró la Encuesta Regional Metropolitana de Barcelona de 1995) ha beneficiado más a las clases acomodadas y a la clase media de renta alta que a la clase media de renta baja y a la clase trabajadora. Es más, dentro del espacio universitario, los estudiantes procedentes de este segundo grupo tiende a concentrarse en los cursos cortos y diplomaturas, reduciéndose considerablemente su presencia en los estudios largos y avanzados. Continúa persistiendo así una clara desigualdad de oportunidades, que se refleja también en el bajo porcentaje de estudiantes de familias de clase media de rentas bajas y de clase trabajadora en la educación posobligatoria (punto de entrada en el mundo universitario), como en su escasa presencia en los estudios superiores universitarios. Como resultado, España y Cataluña distan mucho de proveer de una igualdad de oportunidades a su ciudadanía. Hoy continúa siendo válida aquella expresión de Bernard Shaw que ironizaba que la cuidadosa y meticulosa selección de los padres por parte de los ciudadanos es la medida más importante para explicar sus oportunidades.

Segunda parte

El porqué de las deficiencias del Estado del bienestar

VI. FALSAS RESPUESTAS: LA GLOBALIZACIÓN ECONÓMICA

1. EL ESTADO ESPAÑOL: POCO REDUCTOR DE LAS DESIGUALDADES SOCIALES

Una de las posturas intelectuales que se repiten con mayor frecuencia en los círculos económicos y políticos españoles es que la globalización económica ha debilitado en gran manera a los Estados, imposibilitándolos en la resolución de sus mayores problemas económicos y sociales. Ahora bien, tal postura ignora que, más que globalización de la producción y del comercio, hoy estamos asistiendo en el mundo a una regionalización económica y política, con la aparición de tres grandes bloques regionales (Norteamérica, Unión Europea y Sudeste asiático), dentro de los cuales los Estados continúan teniendo una enorme importancia. Es más, en este proceso de regionalización, los tres Estados que han hegemonizado esos bloques regionales (Estados Unidos, Alemania y Japón) han sido altamente intervencionistas; y dentro de cada bloque regional el poder de los Estados ha continuado ejerciéndose a través de políticas públicas que inciden en los espacios económicos y sociales de las respectivas sociedades. En la UE, por ejemplo, la gran

105

variedad de políticas económicas y sociales se debe a los distintos grados de desarrollo de sus Estados y a la correlación de fuerzas existente dentro de ellos. Dentro de esta variedad, España es uno de los países de la UE con unas políticas públicas menos equitativas. La escasa equidad del Estado español no puede explicarse o justificarse por la globalización o regionalización de su economía.

El Estado del bienestar español (que añade a la capacidad adquisitiva de la población española a través de transferencias y servicios públicos y sustrae de esa capacidad a través de impuestos y tasas) rebaja el nivel de pobreza (definido como la mitad de la renta mediana del país) de un 28,2% de la población a un 10,4%, reduciendo así la pobreza en un 63,1%. En comparación, el Estado del bienestar alemán reduce la pobreza en un 80,6%, el sueco en un 80,4%, el danés en un 72%, el holandés en un 70%, etc. El efecto redistributivo del Estado del bienestar español es algo mayor entre los ancianos, debido primordialmente a las pensiones de vejez, sin las cuales el 68% de los ancianos en España serían pobres. Tal reducción de la pobreza es, sin embargo, mucho menor entre los niños, entre quienes alcanza sólo un 38,2%, y ello a pesar del discurso retórico pro familia de la cultura oficial del país (T. M. Smeeding, *Finantial Poverty in Developed Countries*, L.I.S., 1997). Estos niveles de pobreza son indicadores de las desigualdades sociales de renta y propiedad en España, unas de las más altas en la UE.

Esta escasa equidad de las políticas públicas del Estado español se basa en la herencia histórica de cuarenta años de una dictadura (ejercida primordialmente en contra de las clases populares) que se caracterizó por su gran represión, por su énfasis en mantener el orden existente y por su escasa sensibilidad social. Incluso hoy en día, y como resultado de aquella herencia, España es uno de los países de la UE con mayor número de policías por cada 1.000 habitantes (con un mayor porcentaje de su población encarcelada) y menor número de trabajadores de atención socio-médico comunitaria por cada 1.000 ancianos. La democratización del Estado español canalizó las demandas populares de mayor equidad, con la consiguiente disminución de las desigualdades sociales y de la pobreza, sobre todo a partir de los años ochenta, y ello fue debido primordialmente al aumento de la progresividad fiscal, así como al aumento del gasto público, y muy en especial a la extensión de la cobertura de la sanidad, de las pensiones y de la educación. Sin embargo, el impacto reductor de las desigualdades sociales de tales intervenciones públicas se vio enlentecido por el aumento del desempleo, resultado en gran parte de la ausencia de políticas públicas de pleno empleo, como reconocía recientemente uno de los arquitectos de aquellas políticas económicas («sólo a partir de 1992 y de una manera relativamente tímida ha habido una política diseñada a reducir el paro estructural», C. Solchaga, *El final de la época dorada*, 1997, p. 181). Ahora bien, tal impacto reductor de las desigualdades y de la pobreza, aunque notable, fue insuficiente. La pobreza descendió de un 13% de la población en 1980 a un 10,4% en 1990, mejora importante pero que todavía situaba a España entre los países con mayor pobreza de la UE, cuyo nivel medio de pobreza fue del 6,4% aquel año. Lo mismo ha ocurrido con la pobreza entre los ancianos (11,4%) y entre los niños (12,8%), las dos entre las más altas de la UE. Las desigualdades sociales también disminuyeron durante los años ochenta y principios de los años noventa, aunque, de nuevo, no lo suficiente para evitar que España continuara siendo de los países con más desigualdades de renta de la UE. Según el informe más detallado y riguroso de la distribución de la renta en países industriales, la renta media de la decila superior de la población española era, en 1990, 4,04 veces superior a la renta media de la decila inferior, una de las tasas más altas de la UE (P. Gottschalk y T. M. Smeeding, *Empirical Evidence on Income Inequality in Industrialized Countries*, L.I.S., 1997).

Las políticas públicas que sigue hoy el gobierno español, como la disminución del gasto público y el aumento de la regresividad fiscal, reducirán todavía más el impacto equitativo del Estado español. Añádase a ello la avalancha ideológica que se observa hoy en día, generada en gran parte por intereses financieros, de privatizar la Seguridad Social, el programa antipobreza más importante del país. Casi con periodicidad mensual aparecen informes que, a través de los medios de información próximos a esos intereses financieros, alarman a la población indebidamente. En realidad, el Estado español gasta en pensiones menos en términos porcentuales que la media de la UE, y ello a pesar de que la estructura demográfica española es parecida a la del resto de la UE. Es más, según las proyecciones del Ministerio de Trabajo y Seguridad Social, el gasto en pensiones sobre el PIB será de 11,8% en el año 2030, un porcentaje menor que el que gran número de países de la UE gasta hoy. España gasta menos en pensiones y en otros capítulos del Estado del bienestar de lo que su nivel económico permite. Hay que subrayar, sin embargo, que muchos otros países de la UE que alcanzaron los criterios de convergencia monetaria (innecesariamente austeros), mantuvieron e incluso ampliaron el efecto equitativo de sus políticas públicas, mostrando que la excepcionalidad española se debe no a un determinismo económico, requerido por el proceso de globalización o regionalización económica o integración europea, sino a la voluntad política resultado de la correlación de fuerzas en el Estado español.

2. LA SUPUESTA IMPOTENCIA DE LOS ESTADOS FRENTE A LA GLOBALIZACIÓN ECONÓMICA

Durante la década de los años noventa y principio de los años iniciales del siglo XXI se escribe con gran frecuencia que los gobiernos se ven forzados a seguir las mismas (o muy similares) políticas económicas y sociales, independientemente de las opciones políticas que gobiernen los Estados. Se subraya, por ejemplo, que los Estados tienen que rebajar la protección social que ofrecen a su ciudadanía, a fin de conseguir que sus economías continúen siendo competitivas en un nuevo orden global; en este discurso parece que la globalización económica cuestione la viabilidad del Estado del bienestar. Se asume, por lo tanto, que lo económico determina lo político, con el consiguiente debilitamiento del proceso democrático, puesto que a la ciudadanía se le niega la posibilidad de escoger entre distintas políticas alternativas al presentársele sólo unas como posibles, es decir, aquellas que el proceso de globalización requiere. Esta despolitización representa un peligro creciente para las democracias que se traduce en la aparición de fenómenos de alienación hacia las instituciones políticas (e incluso en la aparición de movimientos radicales antisistema), fenómenos que se presentan especialmente entre las bases sociales de los partidos de centroizquierda e izquierda que frecuentemente perciben a los partidos políticos que tradicionalmente defendieron sus intereses como indeferenciables de los partidos conservadores o liberales, puesto que siguen políticas públicas que

109

se definen como de «centro» y que se presentan como las únicas posibles.

Esta postura de que los Estados están perdiendo poder debido al proceso de globalización, forzando a los gobiernos a adoptar políticas de centro como las únicas posibles, casi ha alcanzado la categoría de dogma, y, como todo dogma, requiere una gran fe impermeable a la evidencia científica. En realidad, esta evidencia cuestiona cada una de las premisas en las que tal creencia se apoya. Veamos. En Europa, los países que han estado más globalizados durante los últimos treinta años han sido los países nórdicos. En estos países (Suecia, Noruega, Finlandia y Dinamarca), el comercio exterior (como porcentaje de sus PIB) ha sido de los más altos de Europa; la media de exportaciones como porcentaje de su PIB, por ejemplo, fue durante el período 1960-1990 del 34%, un porcentaje más alto que la media de los países del centro de Europa (Bélgica, Alemania, Francia e Italia), que ha sido del 29%, y que la media de los países anglosajones (Estados Unidos, Gran Bretaña y Canadá), que ha sido del 26%. Es importante subrayar que el porcentaje de dependencia de las economías de las exportaciones en los países nórdicos ha sido prácticamente constante durante el período. Pues bien, estos países, que han sido los más «globalizados» de Europa, han sido precisamente los que han ofrecido mayor protección social a su ciudadanía y los que han tenido Estados más intervencionistas. En realidad, lo segundo –un Estado fuerte– ha sido condición no sólo para lo primero –un Estado del bienestar amplio y universal–, sino también para mantener su competitividad y su integración en la economía internacional. Los países anglosajones, de tradición liberal, han sido los países con Estados más débiles, que han ofrecido menor protección social y con un comercio exterior (como porcentaje de su PIB) también menor.

En los países nórdicos, los Estados han sido gobernados la mayor parte del período 1960-1990 por partidos socialdemócratas que se han caracterizado por políticas públicas altamente redistributivas, complementadas por políticas de pleno empleo (facilitadas por una inversión muy notable en capital humano e infraestructura física), en las que el Estado ha priorizado la creación del empleo tanto en el sector privado (a través de políticas crediticias y fiscales incentivadoras de inversiones) como en el sector público (a través de la expansión de los servicios del Estado del bienestar), políticas que han estimulado la participación de la mujer en el mercado del trabajo, responsable de las tasas de empleo más altas hoy entre los países de la OCDE. Los datos empíricos, fácilmente obtenibles, muestran que estos países han sido los países de la OCDE que han tenido (como promedio durante el período 1960-1990) las tasas de ocupación más altas (74% de la población adulta), las tasas de desocupación más bajas (3,4%), las tasas de inversión más altas (el 26% del PIB), el crecimiento económico más alto (3,4% al año), las tasas de desigualdad más bajas (coeficiente de Gini de 22), la actividad redistributiva estatal más alta (hasta reducir las desigualdades en un 48%) y la tasa de comercio exterior más alta.[1] Como francamente reconocía el portavoz neoliberal *The Economist* en un editorial, «Los países del norte de Europa han sido la pesadilla liberal durante el período posterior a la Segunda Guerra Mundial. Han sido los países más eficientes y más equitativos, siguiendo políticas opuestas a las propuestas en círculos liberales» (4-6-1992). La experiencia de los países nór-

1. OCDE, *Statistical Series*.

dicos contrasta con la experiencia de los países anglosajones de tradición liberal, que tuvieron las tasas de desempleo más altas (8%), las tasas de inversión más bajas (18% del PIB), las tasas de crecimiento más bajas (2,8% al año), las desigualdades sociales más altas (coeficiente de Gini de 0,31) y la actividad redistributiva estatal más baja (con una reducción de las desigualdades sociales sólo de un 30%) entre los países de la OCDE. Es sorprendente que a pesar de esta evidencia el pensamiento económico dominante continuara y continúe acentuando el conflicto entre equidad y eficiencia económica. Sólo recientemente –en 1994– el Banco Mundial, el centro de la «ortodoxia» económica, admitía por fin que no había tal conflicto; antes al contrario, señalaba que la equidad podía ser condición de eficiencia económica.[1]

Una condición indispensable de las políticas públicas de los países nórdicos ha sido la existencia de pactos sociales tripartitos entre los gobiernos, los sindicatos y las organizaciones empresariales, pactos que necesitaban sindicatos fuertes y representativos que agruparan a la mayor parte de la fuerza laboral (sin fragmentaciones en sindicatos de diversa identidad política), organizaciones empresariales igualmente representativas, cuyas decisiones fueran aceptadas por todo el colectivo empresarial, y gobiernos que garantizaran el desarrollo de los acuerdos, facilitando y estimulando la sindicalización y el apoyo de los sindicatos a las políticas sociales (a través de políticas redistributivas y políticas de pleno empleo), a la vez que estimulaban el asociacionismo empresarial, apoyando también el proceso productivo (facilitando la flexibilidad laboral) y el proceso de acumulación de capital. Existe sobre algunos de estos

1. *World Bank Annual Report*, 1994.

puntos una gran confusión que quisiera aclarar. En primer lugar, hay que subrayar que flexibilidad laboral es un concepto distinto del de inseguridad laboral. En España, se ha intentado con excesiva frecuencia conseguir flexibilidad laboral rompiendo con la seguridad laboral, debido a la dureza y rigidez de la clase empresarial, acostumbrada a un régimen dictatorial muy favorable a sus intereses económicos. De ahí que España tenga las tasas de precariedad y de inseguridad más altas de Europa.[1] Sin embargo, en el norte de Europa la flexibilidad laboral se da con la colaboración sindical, porque no supone inseguridad laboral. La seguridad de empleo en esos países se garantiza no a través de políticas pasivas o asistenciales (de las más bajas de la UE), sino a través de políticas activas (las más altas de la OCDE, con un promedio de gasto público de un 3% a un 5% del PIB) y políticas de pleno empleo. En realidad, tanto las políticas del gobierno Jospin (con las políticas de yacimientos de empleo) como las políticas del New Deal del gobierno Blair son versiones más modestas de las políticas desarrolladas en los países nórdicos, que han sido más masivas y exitosas que aquéllas a la ahora de integrar a la mujer, al joven y a la persona no cualificada en el mercado de trabajo.

Un segundo punto de clarificación es que hay una diferencia importante entre las políticas públicas encaminadas a facilitar el proceso de acumulación del capital (a través de estimular el proceso productivo) y las políticas públicas orientadas a aumentar las rentas del capital. No es cierto, como la postura liberal sostiene, que los objetivos de ambas políticas públicas sean idénticos. Y la realidad lo muestra. La masa de beneficios como porcentaje de la renta nacional

1. OCDE, *Employment Outlook.*

113

(benefits as a percentage of national income) fue más baja en los países nórdicos socialdemócratas (22%) que en los de países anglosajones liberales (25%) durante el período 1960-1990. En cambio, la tasa de inversiones fue más alta en los primeros (26% del PIB) que en los segundos (18% del PIB) durante el mismo período. Los beneficios empresariales, por ejemplo, alcanzaron niveles récord durante las épocas Reagan y Thatcher, sin que las inversiones (ni la productividad) aumentaran en Estados Unidos y Gran Bretaña. Y vimos a finales de la década de los años noventa una exuberancia de las Bolsas (resultado del enorme crecimiento de la masa de beneficios), sin que ello se tradujera en un boom de inversión.

Una tercera clarificación es que el pacto social y el fuerte intervencionismo estatal permitieron a esos países no sólo resolver mejor los retos presentados por el proceso de globalización, sino que también les permitieron alcanzar políticas de pleno empleo sin sostener déficits públicos elevados y sin tener una inflación alta. De nuevo, los hechos hablan por sí mismos. El promedio de déficit público por año en los países nórdicos socialdemócratas durante el período 1960-1990 fue sólo de un –0,1, el más bajo de los países de la OCDE. Durante casi todo ese período, esos países tuvieron plusvalías en lugar de déficits públicos. En cambio, fue en los países liberales anglosajones, y en los países del centro de Europa donde los déficits públicos fueron mayores, con un promedio anual en los primeros de un –4,7 del PIB y en los segundos de un –2,7 del PIB. En contra de lo que se indica con frecuencia, los países nórdicos socialdemócratas no siguieron políticas keynesianas de estímulo de la demanda a partir del déficit público. Antes al contrario, la demanda se estimuló a base del gasto colectivo público, financiado con una alta carga impositiva. Ha sido en los países con baja carga impositiva y escasa demanda colectiva, como ha ocurrido en los países liberales y en España (debido a su retraso histórico tanto en gasto público como en responsabilidad fiscal), donde el déficit público y las políticas keynesianas han jugado un papel clave. De ahí que la forzada reducción del déficit público debido a la integración monetaria europea pueda representar un problema enorme para el desarrollo económico de España, a no ser que se refuerce el papel del Estado con el establecimiento de un pacto social tripartito que facilite unas políticas más intervencionistas que las que hoy existen, con un mayor gasto público basado en unas políticas altamente redistributivas que favorezcan la creación de empleo y la ampliación del Estado del bienestar, según unas políticas de rentas pactadas y garantizadas a nivel estatal. Las políticas de debilitamiento del Estado que se están siguiendo hoy, van precisamente en sentido opuesto a lo que requiere la integración europea. Si bien las fuerzas políticas españolas debieran presionar para cambiar y flexibilizar la exigencia de reducción del déficit público a un 3% del PIB, realizada por el Banco Central Europeo (y que para España significará que tendremos serias dificultades para alcanzar la convergencia social con la UE), también es cierto que la existencia de tal requisito hace más difícil aunque no imposible la ampliación del Estado del bienestar y el establecimiento del pleno empleo. Pero para que ello ocurra es necesario un protagonismo del Estado mayor que el existente en el momento actual, tal como han demostrado los países nórdicos socialdemócratas.

Quisiera, por último, hacer una observación sobre el supuesto «fracaso» del modelo socialdemócrata escandinavo desde los años noventa, al haber experimentado un gran crecimiento del desempleo. Se olvidan en este diagnóstico varios hechos. Uno es el que estos países continúan teniendo las tasas de empleo más altas (casi doblando las existentes en España), los niveles de vida más altos y las desigualdades sociales menores de la OCDE. Por otra parte, el crecimiento del desempleo no ha sido causado por su «globalización» (el peso del comercio exterior ha variado muy ligeramente en los últimos treinta años), sino por realidades políticas, muy concretamente en el caso de Suecia por la interrupción del pacto social como consecuencia del mayor poder adquirido por el mundo empresarial (resultado, en parte, de las divisiones crecientes dentro del mundo sindical), el mayor auge de los partidos conservadores y liberales y el desánimo de las clases populares hacia el partido socialdemócrata, que había iniciado medidas de desregulación del capital financiero, debilitando el pacto social; y en Finlandia por el colapso de la Unión Soviética, uno de los mercados más importantes para su economía. Noruega y Dinamarca, por otra parte, continúan teniendo las tasas de desempleo más bajas de Europa (4,9% y 6,9%, respectivamente, en 1997), junto con Austria (4,4%) y Holanda (6,3%). En vista de los datos esgrimidos en este capítulo es insostenible que se presente la experiencia socialdemócrata como fracasada o irrelevante, justificando así unas políticas liberales definidas como de centro y atribuidas erróneamente a los imperativos de la globalización económica. No es un determinismo económico el que justifica estas políticas liberales, sino un cambio en la relación de fuerzas políticas dentro de cada país el que explica su desarrollo.

3. CUESTIONANDO LA NUEVA ECONOMÍA

Una postura ampliamente aceptada en círculos económicos y políticos europeos, es que Estados Unidos ha alcanzado un nuevo modelo de desarrollo económico –referido como la nueva economía– que trasciende incluso los ciclos económicos, habiendo alcanzado una situación óptima que conjuga un gran crecimiento económico (3,7% al año en el período 1993-1998) con un gran aumento de la productividad (un 3%), una tasa de desempleo muy baja (un 4,3%), una inflación baja (de un 2% al año) y un crecimiento de los salarios, incluidos los más bajos (que han aumentado un 8% anual por encima de la inflación). Esta situación óptima se considera resultado de la revolución tecnológica, centrada en el ordenador y en Internet, que ha creado una explosión de la productividad en Estados Unidos que caracteriza a la nueva economía. Un análisis de la «nueva economía» y sus supuestas causas no permite, sin embargo, llegar a estas conclusiones. Uno de los indicadores utilizado con mayor frecuencia para señalar la supuesta superioridad del modelo estadounidense sobre el modelo europeo es el crecimiento económico medido por el aumento del PIB durante el último período expansivo, 1993-1998. Estados Unidos tuvo durante ese período una tasa de crecimiento anual del PIB de un 3,4%, mayor que la media de los países de la UE, 2,5%, y mayor que el crecimiento de los otros países del G-7. Este indicador es el que se ha utilizado con más frecuencia para mostrar el mayor dinamismo de la economía de Estados Unidos sobre las economías de la UE. Ahora bien, ése no es un buen indicador de dinamismo económico pues no mide la eficiencia macroeconómica per se, sino otros factores como, por ejemplo, el crecimiento demográfico. Me explicaré.

117

Un país que crezca más rápidamente que otro con igual eficiencia económica tendrá un crecimiento económico mayor. De ahí que dos países pueden tener la misma eficiencia económica y en cambio distintas tasas de crecimiento económico. El indicador de eficiencia macroeconómica que, por lo tanto, debe utilizarse no es el crecimiento anual del PIB, sino el crecimiento anual del PIB per cápita. Cuando lo hacemos así, comparando entonces manzanas con manzanas, y no manzanas con peras, podemos ver que, en realidad, el crecimiento anual del PIB per cápita durante el período 1993-1998 en Estados Unidos ha sido prácticamente el mismo (2,4%) que el promedio de la UE (2,3%). Y ello es consecuencia de que la población estadounidense crece mucho más rápidamente que la población de la UE. La tasa de crecimiento demográfico anual de Estados Unidos es aproximadamente de un 1%, nada menos que nueve veces superior a la tasa de crecimiento anual de la población de la UE. En realidad, tomando la tasa promedio de crecimiento del PIB per cápita como indicador de dinamismo económico, podemos ver que la tasa de crecimiento económico de la UE fue mayor que la de Estados Unidos durante la década de los años ochenta y principios de los noventa.

Analicemos ahora el desempleo, otro de los indicadores que se utiliza con mayor frecuencia para contrastar el supuesto éxito estadounidense con el fracaso europeo, atribuyendo el primero a la desregulación de los mercados de trabajo y la escasa protección social existentes en Estados Unidos en comparación con la rigidez de los mercados laborales y la excesiva protección social que se supone caracterizan el modelo de la UE. El análisis de las tasas estandarizadas de desempleo de los años 1979, 1989 y 1998 para los países del G-7 y para los países más avanzados

118

económicamente de la OCDE muestra que el desempleo creció en todos esos países durante el período 1979-1989, excepto en Estados Unidos. Y, es más, Estados Unidos, junto con Japón, fue el país con el menor desempleo entre los países del G-7. Estos dos datos son los más utilizados para mostrar la superioridad del modelo estadounidense sobre el modelo europeo, originándose así la demanda de desregulación de los mercados de trabajo europeos y la reducción de su protección social, como medida de resolución del desempleo en la UE. Es más, el bajo desempleo de Gran Bretaña (6,3%) en 1998 (dentro de los países del G-7), que es precisamente el país que ha desregulado más profundamente sus mercados de trabajo con mayor reducción de su protección social, ha reforzado la postura –bien expresada en el manifiesto Blair-Schröder– de que la solución al problema del paro en la UE pasa por la adopción de tales medidas.

Ahora bien, en la argumentación a favor de estas propuestas se ignoran con excesiva frecuencia varios hechos. Uno es que incluso cuando tomamos las tasas de desempleo como indicador de eficiencia económica, podemos ver que en 1998 otros países con mayor regulación de sus mercados laborales y mayor protección social que Estados Unidos, como Noruega (3,3%), Holanda (4,0%), Austria (4,7%), Portugal (4,9%) y Dinamarca (5,1%), tuvieron iguales, parecidas o incluso menores tasas de desempleo. No puede, por lo tanto, utilizarse la baja tasa de desempleo de Estados Unidos (o de Gran Bretaña) como justificación para llevar a cabo esas políticas públicas.

Pero más importante incluso que esta observación es otra aclaración que tiene que ver con el punto citado anteriormente, es decir, la mala utilización de indicadores en la cultura económica y política. Como he señalado extensamente en otro texto,[1] la tasa de desempleo no es un buen indicador de eficiencia económica puesto que dos países pueden ser igualmente eficientes, creando la misma cantidad de empleo neto, y en cambio tener distintas tasas de desempleo, puesto que la tasa de desempleo viene dada no sólo por la oferta de puestos de trabajo (el indicador de producción de empleo neto), sino también por la demanda de puestos de trabajo, de manera que si un país tiene más demanda que otro, tendrá más desempleo que el otro, aunque los dos sean igual de exitosos a la hora de crear empleo. De ahí que más importante que la tasa de desempleo sea la tasa de creación neta de puestos de trabajo (que mide la diferencia entre puestos de trabajo creados menos puestos de trabajo destruidos durante el período de tiempo estudiado). Y es ahí donde la situación no aparece tan clara como se nos indica.

Cuando analizamos la tasa de creación neta de puestos de trabajo de los países del G-7 y de los países más avanzados de la OCDE durante los períodos 1979-1989 y 1989-1998, podemos ver que la tasa de creación de empleo de Estados Unidos ha disminuido de 1,7% durante el período 1979-1989 a 1,3% durante el período 1989-1998 (Gran Bretaña ha disminuido de un 0,6% a un 0,0% durante los mismos períodos). Y el otro hecho es que durante la década de los años noventa cinco países de la OCDE, con mayor regulación en sus mercados de trabajo y mayor protección social que Estados Unidos, tales como Irlanda (3,0%), Holanda (1,9%), Nueva Zelanda (1,5%), Australia (1,1%) y Noruega (1,0%), tuvieron tasas anuales de creación neta de puestos de trabajo semejantes o incluso superiores a la tasa de creación de empleo

---

1. V. Navarro, *Neoliberalismo y Estado del bienestar*, Ariel Económica, 3.ª edición, 1998.

de Estados Unidos (1,3%). La tasa de creación neta de empleo para el período 1989-1998 en Gran Bretaña (0,0%) fue mucho menor que la tasa de creación de empleo para el mismo período en España (0,5%). Es paradójico que Gran Bretaña se muestre como ejemplo a España, cuando su historia de creación de empleo, en los últimos diez años, ha sido francamente decepcionante.

El mejor indicador para analizar el dinamismo de una economía, sin embargo, es el crecimiento de su productividad y su nivel de productividad. Estos indicadores son las claves para entender la creación de riqueza de un país, lo cual determina a su vez su nivel de vida y el poder adquisitivo de su población. La productividad es, en definitiva, el motor del sistema. Analizando el crecimiento anual de la productividad del trabajo en el sector privado *(annual average growth of labor productivity in the business sector)*, podemos ver que las tasas de crecimiento de tal productividad han ido descendiendo con el tiempo (la media de los países de la OCDE, sin Estados Unidos, ha ido descendiendo de 5,5% en el período 1960-1973, a 2,6% en el período 1973-1987 y a 2,2% en el período 1987-1995). En Estados Unidos, el descenso de tal crecimiento ha sido incluso mayor, yendo de un 2,9, a un 1,2, y a un 0,9 durante esos períodos. La tasa de crecimiento de la productividad en Estados Unidos (0,9%) es, en realidad, la más baja de la OCDE después de Canadá, Portugal y Australia. Esta tasa de crecimiento ha aumentado considerablemente durante el período 1995-1998 (2,1%), una cifra mucho más elevada que la media de 1,2 durante la década de los años ochenta (según datos del U.S. Bureau of Labor Statistics). Es importante señalar que, aun cuando la tasa de crecimiento de la productividad en Estados Unidos ha aumentado, continúa siendo menor que la tasa de crecimiento de otros países de la OCDE que han

121

sobrepasado incluso la tasa de productividad de Estados Unidos. Alemania y Francia, por ejemplo, tienen no sólo una tasa de crecimiento de la productividad (3,3% en Alemania y 1,7% en Francia) mayor que Estados Unidos (0,9%), sino también una tasa de productividad mayor (a partir de 1995). También otras economías, como Holanda y Bélgica, han alcanzado niveles de productividad muy próximos a Estados Unidos.

Tal crecimiento de la productividad en Estados Unidos en los últimos años ha sido la base para que se hablara de la nueva economía, cuyo éxito se atribuye a la nueva revolución tecnológica que se basa en la utilización masiva del ordenador y de Internet, una nueva revolución tecnológica que se compara con la introducción del vapor y del tren. Se habla así de una nueva época, en la que el ordenador permitirá aumentar la transmisión de información en la producción y en la distribución y marketing de los productos y servicios. Uno de los expertos en productividad más respetados en Estados Unidos, Robert J. Gordon, cuestiona, sin embargo, que el aumento de tal productividad se deba a esta «nueva» revolución tecnológica, señalando que tal revolución no es nueva sino bastante antigua, puesto que la extensión en el uso de los ordenadores en el mundo desarrollado ha tenido lugar durante los últimos veinte años. ¿Por qué –se pregunta con razón el profesor Robert Gordon– este efecto de la supuesta revolución se produce ahora, a partir de 1995, y no antes?[1]

De ahí que tal explicación del éxito de la economía estadounidense (aunque muy visible en los medios de información) tenga menos credibilidad que otras explicaciones,

---

1. R. J. Gordon, «Foundations of the Goldilocks Economy», *Brookings Papers on Economic Activity*, n.º 2, 1998.

entre las cuales merece especial atención la que atribuye el notable aumento de la productividad en Estados Unidos (a partir de 1995) a la confluencia de varios hechos coyunturales y no estructurales, incluyendo el gran crecimiento de la demanda (dentro de un contexto de bajo desempleo), con un gran crecimiento del consumo, resultado en parte del crecimiento de los salarios (a partir de los tres aumentos del salario mínimo que sucedieron en los años noventa) y en parte de un gran endeudamiento (con una tasa de ahorro negativo) de la población de Estados Unidos que se sostiene debido al gran flujo de capital extranjero, atraído por la estabilidad económica, financiera y política de Estados Unidos, dentro de un contexto de crisis financiera a nivel mundial. Es esta misma crisis internacional la que causa el abaratamiento de las materias primas (resultado de un descenso de la demanda mundial de tales productos) y de los productos importados a Estados Unidos, factores que explican la baja inflación en ese país. En este aspecto, la recuperación de la economía estadounidense, que duró un período mayor que en ciclos anteriores, se debió precisamente al gran estímulo de la economía provocado por el crecimiento de la demanda, dentro de un contexto de crisis financiera internacional que ha beneficiado a Estados Unidos, atrayendo capital al país, permitiendo un consumo exuberante sin incrementar la inflación. Es paradójico que en un momento en que se celebra el fin del keynesianismo, hayan sido precisamente las políticas keynesianas de estímulo de la demanda las que han determinado una continuidad del ciclo expansivo, acompañado de una deuda que ascendió a 1,9 trillones de dólares a finales de 1998. Esta exuberancia de consumo es la que estimuló su crecimiento económico, así como el aumento de su productividad dentro de una situación de pleno empleo.

VII. EL PROBLEMA REAL: EL NEOLIBERALISMO IMPERANTE

1. LA CRISIS FINANCIERA INTERNACIONAL: CAUSAS Y CONSECUENCIAS

La crisis económica y financiera a la que estamos hoy asistiendo es resultado en gran parte de las políticas neoliberales imperantes en los últimos treinta años en los centros financieros más importantes del mundo capitalista desarrollado. Estas políticas neoliberales se han caracterizado por dos hechos. Uno es la gran desregulación de los mercados financieros, creando una movilidad diaria de 1,7 trillones de dólares, en su mayoría de tipo especulativo. El otro hecho es el enorme crecimiento de las desigualdades de renta a nivel internacional, de tal suerte que las 220 personas más ricas del mundo acumulan la misma renta que el 45% de la población mundial. Los dos hechos están relacionados entre sí. Veamos.

Centrémonos primero en el impacto de la desregulación del mercado de capitales financieros, que ha tenido un impacto muy negativo sobre el capital productivo, como el colapso de los países del Sudeste asiático ha mostrado. Éstos, en contra de lo que propagan los medios de comunicación próximos al capital financiero, debieron su desarrollo espectacular (el PIB en la mayoría de estos países creció un 10% anual durante el período 1985-1995) no a políticas liberales, sino, antes al contrario, a políticas públicas intervencionistas en cuyo desarrollo el Estado jugó un papel clave. Estos Estados siguieron políticas de inversión en infraestructura y capital humano, junto con políticas de apoyo al proceso productivo. Según el informe último de la OCDE sobre educación, las escuelas de Corea del Sur, por ejemplo, eran de mayor calidad que las escuelas de varios países europeos, incluida España.

Los centros financieros del mundo capitalista desarrollado, el Fondo Monetario Internacional y los gobiernos estadounidenses, británicos y alemanes, sin embargo, presionaron a esos países para que desregularan sus mercados financieros, facilitando la introducción masiva de capital extranjero, que ascendió de 41 billones de dólares en 1994 a 93 billones en 1997, a pesar, por cierto, de que esos países no tenían escasez de capital financiero, debido a sus altos índices de ahorro. Esta entrada masiva de capitales extranjeros afectó negativamente al proceso productivo; en su gran mayoría era capital invertido a corto plazo, es decir, capital que podría salir de esos países en cualquier momento, como sucedió masivamente a partir de 1997 (debido al pánico financiero creado por la devaluación de la moneda en Tailandia, donde se habían invertido, en un par de años, 20 billones de dólares en actividades especulativas de tipo inmobiliario). Sólo en unos meses, 12 billones de dólares abandonaron aquellos países, creando un colapso del mercado de divisas y una caída en picado del precio de sus monedas que afectó muy negativamente a su capital productivo. La respuesta del Fondo Monetario Internacional fue la misma de siempre: la defensa a ultranza del capital financiero extranjero. Con este fin, supeditó la provisión de ayuda financiera al aumento de los intereses de ese capital financiero y al recorte del gasto público, lo cual empeoró espectacularmente la situación del capital productivo en esos países, creando una enorme depresión. El efecto de estas políticas se había ya podido ver cuando se aplicaron a México en 1995, en una situación similar: se recortaron gastos sociales, la tercera parte de todas las empresas cerraron en bancarrota, dos millones de mexicanos perdieron sus puestos de trabajo y los salarios del 80% de la fuerza laboral disminuyeron un 28% sólo en dos años. De una manera semejante, en Tailandia el 20% de la fuerza laboral perdió su empleo; en Indonesia, el número de la población pobre aumentó de 22 millones a principios de 1997 a 58 millones en 1998, con un desempleo del 25% de la fuerza laboral; en Corea del Sur, la capacidad adquisitiva de la población disminuyó un 22% sólo en un año, y la lista de costes sociales se extendió de un país a otro.

En aquella situación, en el Sudeste asiático habrían sido necesarias intervenciones públicas contrarias a las que se siguieron, es decir, debería haberse reintroducido un control del movimiento de capitales financieros (y muy en particular de los capitales a corto plazo, con penalización de los movimientos especulativos), provocado una bajada de intereses y alentado una expansión del gasto público, medidas expansivas que debieron haber sido apoyadas por el FMI, algo muy improbable debido a la naturaleza de esa institución, sobre la cual hay una demanda creciente de transformación profunda o incluso de sustitución por una nueva institución financiera que tuviera como responsabilidad estimular el crecimiento económico. Como bien ha dicho James Tobin, premio Nobel de Economía: «El colapso de los países del Sudeste asiático –y antes de México– se debe en gran parte a las políticas del FMI y del gobierno de Estados Unidos que dan prioridad a la movilidad ilimitada de capitales financieros, asumiendo erróneamente que tal movilidad favorece el desarrollo económico internacional. Tales políticas supeditan todas las políticas a los intereses de tal capital financiero.»

Exigir, como lo hizo el FMI, una austeridad del sector público, cuando la mayoría del déficit y de la deuda procedían del sector privado (el sector público en aquellos países no tenía déficits acentuados), dificultaba todavía más su recuperación. Los movimientos de protesta en todos esos países atestiguan los enormes costes sociales (y políticos) de tales políticas de desregulación de los capitales financieros. En Asia, han sido países como China e India, que resistieron mejor la presión para la desregulación de sus mercados financieros, los que han aguantado mejor la tormenta financiera.

En Rusia y otros países de la ex Unión Soviética hemos visto cómo la completa libertad de capitales (junto con el establecimiento de un capitalismo salvaje) ha creado un colapso tal del sistema, que la esperanza de vida ha disminuido doce años, un año menos por año como promedio desde el colapso del comunismo.

Ahora bien, ¿por qué la mayor parte de los capitales financieros se mueven hoy con fines especulativos? Ello se debe en parte al fracaso del acuerdo de Bretton Woods en 1972, que creó una gran variabilidad en el precio de las monedas, una de las causas más importantes de la inestabilidad económica y de la ralentización del crecimiento económico. Como señalaba el ex gobernador del Banco Federal de Estados Unidos, Paul Volker, «esta gran variabilidad de las monedas es una de las mayores causas de la ralentización económica desde mediados de los años setenta» *(The Washington Post,* 2 de noviembre de 1997). Esta variabilidad es a su vez causa y consecuencia de la movilidad especulativa del capital financiero a corto plazo, que constituye la mayoría de los 1,7 trillones de dólares que pasan fronteras diariamente. El grado de rentabilidad en esta actividad financiera especulativa es mucho mayor que la inversión de tal capital en actividades productivas, donde existe el gran problema de la sobreproducción. Hoy, el mayor drama del capital productivo es que el mercado internacional está saturado. En todos los sectores productivos (automóviles, refrigeradores, ordenadores, etc.) hay una competitividad extrema debido a la sobreproducción. Pero sobreproducción es la otra cara de la moneda del subconsumo. No hay en el mundo carencia de personas que puedan consumir. Lo cual nos lleva a analizar el enorme crecimiento de las desigualdades en un planeta donde en un mundo, el desarrollado, los Estados subvencionan al sector de la producción para que no produzca más, mientras que en el otro mundo (el mundo del subdesarrollo) un niño muere de hambre cada dos segundos (era cada tres segundos diez años atrás), alcanzando la cifra un total de 14 millones de niños al año que mueren por falta de alimento, lo cual representa el equivalente al número de muertos que causarían 60 bombas nucleares como la de Hiroshima, que explotan cada año sin producir ningún sonido y sin que se consideren noticias dignas de las primeras ni de las últimas páginas de nuestros diarios. El enorme crecimiento de las desigualdades dentro de cada país, y entre los países, crecimiento estimulado por esas políticas neoliberales, crea una enorme concentración de capitales (que explica la gran exuberancia de las Bolsas) que no se utilizan para fines productivos (al no haber suficiente demanda), sino para fines especulativos, lo cual obstaculiza a su vez esa actividad productiva. Una situación semejante ocurrió durante la Gran Depresión de los años treinta, situación que fue resuelta económicamente por la gran demanda provocada por los preparativos y el estallido de la Segunda Guerra Mundial. Es de esperar que la inteligencia colectiva de la humanidad haya aprendido y que no necesitemos una tercera guerra mundial para resolver el problema de falta de demanda en la posible depresión de los años 2000. Lo que se requiere es un estímulo de la demanda en los países desarrollados, en las líneas del Plan Delors en Europa, que disminuya a la vez los intereses bancarios (como aconsejaron Oscar Lafontaine y Lionel Jospin), con una reinterpretación más flexible del criterio del pacto de estabilidad (excluyendo las inversiones públicas en el cálculo del déficit público, tal como aconsejaba D'Alema), y un estímulo de la demanda en el mundo del subdesarrollo en las líneas del casi olvidado *Willy Brandt Report*, creando un Plan Marshall específico para cada continente dentro del mundo del subdesarrollo, con reintroducción del control de la movilidad de capitales, regulación y limitación de la variabilidad del precio de las monedas (como sugirió de nuevo Lafontaine), estableciendo una segunda puesta en marcha del Bretton Woods, con la fusión del Fondo Monetario Internacional y del Banco Mundial en una nueva entidad internacional financiera cuya naturaleza y misión sean distintas de las que hoy realiza, exigiéndosele transparencia y responsabilidad para estimular el crecimiento económico a nivel mundial, bajo una supervisión política en la que estén como supervisores tanto representantes de países desarrollados como de países en vías de desarrollo. A algunos lectores españoles les podrá parecer que estas propuestas son hoy irreali-

129

zables. A estos lectores quisiera aclararles que el pensamiento neoliberal es altamente cuestionado fuera de España, aunque en nuestro país tal pensamiento sea todavía dominante. Quisiera también subrayar que cada una de estas propuestas están siendo realizadas por profesionales que ocupan puestos de responsabilidad e influencia en fuerzas políticas y movimientos sociales de peso hoy en Europa y en Estados Unidos. Que estas propuestas puedan percibirse en las esferas políticas y económicas como excesivamente radicales es un indicador más del profundo conservadurismo imperante en estos círculos en España, y no de la radicalidad en sí de tales propuestas.

2. LAS CONSECUENCIAS DEL MONETARISMO

La dimisión del ministro de Finanzas de Alemania y presidente del Partido Socialdemócrata Alemán Oskar Lafontaine desató una euforia en los centros financieros europeos, sostenedores del pensamiento único liberal, que consideraban las políticas propuestas por Lafontaine –y muy en particular su énfasis en la reducción de los intereses por parte del Banco Central Europeo, y su deseo de estimular la demanda a nivel nacional y continental– amenazadoras para los intereses que representan. Especialmente vociferantes fueron los portavoces de tal pensamiento en España, ampliamente divulgado en los medios de información españoles, que habían ya anunciado «la muerte del keynesianismo». Tal actitud ideologizada –resultado de la uniformidad del pensamiento económico dominante en España– no fue compartida en otros centros económicos y financieros europeos más rigurosos que los de nuestro país. El *Financial Times*, por ejemplo, en el editorial que co-

130

mentaba la dimisión de Lafontaine, decía que: «Las ideas y propuestas que hizo Lafontaine necesitan ser escuchadas, y muy en particular sus demandas de mayor transparencia del Banco Central Europeo, y de una mayor sensibilidad por parte de tal Banco al clima macroeconómico de la UE. Oskar Lafontaine llevaba razón cuando indicaba que el éxito de la economía de Estados Unidos, que contrasta con el escaso crecimiento económico europeo, se debe a la escasa demanda existente en Europa, así como a las políticas macroeconómicas llevadas a cabo por los países europeos, muy distintas de las llevadas a cabo por el gobierno de Estados Unidos. También tenía Lafontaine razón al pedir una armonización fiscal en la UE... y sus tesis de que las políticas fiscales existentes eran distorsionantes e incompatibles con la operación eficiente del mercado único era correcta» («Lafontaine's departure». Páginas editoriales, *Financial Times,* 12 de marzo de 1999).

Es impensable que un diario o semanal financiero español o un diario de información general en España escribiera tal editorial. En su lugar, hemos oído y leído durante muchos años la machacona voz de que el «milagro» estadounidense de bajo desempleo era debido a la gran desregulación de sus mercados laborales y a su escasa protección social, mientras que el alto desempleo en Europa (y en España) se debía a las supuestas rigideces de sus mercados laborales y su excesiva protección social. Este mensaje continúa repitiéndose ad náuseam por los centros financieros y económicos españoles.

Cualquier persona que haya vivido en Estados Unidos durante los últimos treinta años, como yo lo he hecho, y sea capaz de analizar los hechos y datos con objetividad, puede fácilmente ver que tales explicaciones son erróneas. En la época de Internet es fácil tener acceso a datos y ver si

131

el dogma neoliberal es sostenible o no según esos datos. Y esos datos, los datos testarudos, muestran que no lo es.

Vayamos a los hechos. Éstos, tal como el *Financial Times* reconocía, daban la razón a Oskar Lafontaine. Miremos los comportamientos macroeconómicos a los dos lados del Atlántico. En realidad, es fácil de hacer. Si se ponen en una coordenada de un gráfico los intereses bancarios reales (no los nominales) de Estados Unidos, Alemania, Gran Bretaña, Francia y Canadá y en la otra coordenada la tasa de desempleo en los mismos países, se ve que durante el período 1981-1996 las mayores tasas de intereses bancarios fueron acompañadas de las mayores tasas de desempleo. Es decir que, en general y durante ese período, los países que tenían intereses bancarios más altos han tenido también tasas de desempleo más altos. Estados Unidos, por ejemplo, ha tenido intereses bancarios bajos y tasas de desempleo bajos, mientras que Francia ha tenido intereses altos y tasas de desempleo altas. En realidad, el macroeconomista estadounidense Thomas Palley ha calculado que entre estos países y durante ese período de 1981-1996 cada aumento de un punto de la tasa de interés se acompañaba de un aumento de 1;11 puntos en la tasa de desempleo.[1]

Pero lo que es importante, incluso más importante que el nivel de los intereses, es la variación de ese nivel, que responde a la situación del ciclo económico y a la tasa de desempleo. Es decir, que cuando miramos cómo han ido variando los intereses durante ese período, podemos ver cómo en Estados Unidos el Banco Federal Estadouni-

1. Thomas Palley, *The Myth of Labour Market Flexibility and the Costs of Bad Macroeconomic Policy: U.S. and European Unemploymen Explained*, Economic Policy Paper, E020, Public Policy Department, AFL-CIO, 1998.

dense (The U.S. Federal Reserve) ha bajado los intereses como un estímulo al crecimiento económico y a la producción de empleo, mientras que en Europa esto no ha sido así. En realidad, en Europa los intereses se han mantenido altos incluso cuando la tasa de desempleo ha sido alta. Permítanme que me expanda en ello, porque éste es un punto clave para entender que Oskar Lafontaine llevaba razón.

En Estados Unidos, en el año 1980 había una tasa de desempleo de casi un 10%. De ahí que el Banco Federal bajara los tipos de interés reales de una manera muy acentuada, de un 5,8% en 1980 a un 2,5% en 1987, lo cual causó un descenso muy espectacular del desempleo, que pasó de un 10% en 1980 a un 5,5% en 1987. El descenso tan acentuado del desempleo alarmó al Banco Federal Estadounidense, que aumentó los tipos de interés, subiéndolos de un 2,5% en 1987 a un 3,8% en 1989, lo cual causó una subida del desempleo hasta un 7,2% en 1992. Eso preocupó al Banco Federal que de nuevo bajó los tipos a un 0,8% en 1993, produciendo un descenso muy marcado del desempleo, que bajó a 5,2% en 1995.

En Francia, sin embargo, los intereses bancarios continuaron aumentando (de un 3% en 1983 a un 8,5% en 1992) a pesar de que el desempleo continuó creciendo (de un 8,3% en 1983 a un 10,4% en 1992). Los intereses aumentaron principalmente debido al compromiso iniciado por el gobierno Mitterrand de mantener un franco fuerte, fijando su precio con el del marco alemán. Es interesante señalar que el descenso de los intereses que vino después, a partir de 1992, no se acompañó con un descenso del desempleo debido a la política fiscal a la que me referiré más tarde.

En Alemania, pudimos ver una situación semejante a la

de Francia. En 1983, a pesar de tener una tasa de desempleo de 7,9%, el Bundesbank aumentó los tipos de interés, contribuyendo a aumentar el desempleo. Entre 1986 y 1988, sin embargo, el desempleo bajó ligeramente de un 8% a un 7,6%, lo cual alarmó al Bundesbank, que subió todavía más los tipos hasta llegar a una cifra récord de 5% en 1990. Estos datos apoyan las tesis de Lafontaine de que los altos intereses reales sostenidos antes por el Bundesbank y ahora por el Banco Central Europeo están contribuyendo al alto desempleo de la UE. Es difícil evitar esta conclusión cuando se miran estos datos. De ahí la propuesta de Oskar Lafontaine de que era muy urgente que bajaran los tipos de interés del Banco Central Europeo a fin de estimular el crecimiento económico y reducir el desempleo.

Ahora bien, tal reducción de los tipos de interés no es en sí suficiente para estimular el crecimiento económico y la creación de empleo a no ser que vaya acompañada de un aumento de la demanda. El fabricante de textiles de Sabadell, por ejemplo, no pedirá un préstamo bancario para expandir su producción y su plantilla a no ser que exista un aumento de la demanda de sus productos. Y para que tal aumento de la demanda exista, es muy importante aumentar el gasto tanto público como privado. Una manera muy eficaz de aumentar el consumo público es aumentar el déficit público. Lo cual nos lleva a comparar los comportamientos a ambos lados del Atlántico en cuanto a la utilización del déficit público como mecanismo de estímulo del crecimiento económico y reducción del desempleo. Y aquí vemos una situación semejante a la que hemos visto con los tipos de interés bancarios. En Estados Unidos, el déficit público se ha utilizado como mecanismo de reducción del desempleo. Durante la década de los años ochenta, por ejemplo, el déficit público alcanzó un 4,5 del PIB, lo que

134

explica (junto con los bajos tipos de interés) el bajo desempleo de las décadas ochenta y noventa.

Esta utilización del déficit como mecanismo de reducción del desempleo, sin embargo, no ha existido en Europa. Por ejemplo, el aumento de los tipos de interés bancarios que se provocó en Francia como mecanismo de refuerzo del franco, fue acompañado de una política fiscal de gran austeridad (con un déficit público que pasó de ser un 3,2% del PIB en 1982 a un 1,2% en 1989), una situación reforzada a partir de 1993 por el deseo de alcanzar los criterios de Maastricht, lo que explica que a pesar de la disminución muy marcada de los tipos bancarios a partir de 1992 el desempleo continuara siendo muy elevado.

Una situación semejante ha ocurrido en Alemania. En realidad, desde 1981 a 1985 y a pesar de que el desempleo continuó aumentando (de un 4,5% a un 8%), los déficits públicos continuaron descendiendo de un 3,4% en 1981 a un 1,2% en 1985. De nuevo vimos durante el período 1991-1996 que mientras que el desempleo subía de un 6,7% a un 10,3%, el déficit público descendió de un 3,4% en 1991 a un 2,8% en 1994.

Está claro que los gobiernos europeos, presididos en su mayoría por partidos conservadores y neoliberales durante ese período 1981-1996 (excepto en Francia), siguieron políticas monetarias y fiscales que son en gran parte las auténticamente responsables del crecimiento del desempleo en Europa. Estas políticas contrastan con las políticas monetarias y fiscales estadounidenses que siguieron políticas mucho más keynesianas y que permitieron un crecimiento económico mayor y un menor desempleo. Por desgracia, estas políticas monetarias y fiscales han sido modificadas pero no cambiadas por los gobiernos socialdemócratas del centro y sur de Europa que han sustituido a los gobiernos conservadores y neoliberales.

Soy consciente de que, a pesar de la evidencia existente que apunta hacia las políticas monetarias y fiscales de los gobiernos europeos como los responsables del alto desempleo en este continente, en España continuaremos expuestos a las teorías neoliberales, que continuarán propagando sus tesis en la mayoría de medios de persuasión del país, que se caracterizan por su escasa diversidad y por su uniformidad.

Permítanme por último presentar otros datos empíricos que también cuestionan tesis que se reproducen en algunos centros del pensamiento económico. Me refiero al mensaje alarmante de que el crecimiento económico ha dejado ya de producir empleo, presentándose así un futuro sin puestos de trabajo. Aquí, de nuevo, la evidencia empírica no apoya tales tesis. Boltho y Glyn han realizado el estudio empírico más detallado sobre este tema, analizando la relación existente entre crecimiento económico y crecimiento de empleo, mostrando que en los países de la UE, durante el período 1982-1993, cada aumento del crecimiento económico de un 1% por año iba acompañado (sobre el ciclo económico anterior) del crecimiento de la tasa de producción de empleo de casi un 1% por año.[1] Es más, Nickell y Bell han señalado que en fases alcistas del ciclo económico son los trabajadores menos cualificados los que se benefician más de la creación de empleo. Este punto es de especial importancia porque la mayoría de desempleados crónicos y de parados de larga duración se concreta en este sector de la fuerza del trabajo. El macroeconomista An-

1. A. Boltho y A. Glyn, «Macroeconomic Policies, Public Spending and Employment», *International Labor Review,* vol. 134, 1995.

drew Glyn ha documentado que el factor determinante en la solución del problema del desempleo entre los trabajadores no cualificados no es la desregulación del mercado de trabajo, sino el crecimiento económico.[1]

La tasa de desempleo ha subido en la UE a pesar de que la desregulación de los mercados de estos trabajos ha aumentado durante los últimos quince años. De ahí que las políticas de empleo que intentan conseguir el descenso del desempleo a través de estas medidas desreguladoras del mercado de trabajo sean poco eficaces para resolver el problema social más importante de Europa. La solución es estimular el crecimiento económico tal como Oskar Lafontaine sugería, tanto a nivel estatal como continental. De nuevo, las cifras hablan por sí mismas. Las tasas de crecimiento en los Estados Unidos han sido mayores que en la mayoría de países de la UE durante el período 1981-1996. Éstos son los datos testarudos que el pensamiento neoliberal ignora.

3. LA REPRODUCCIÓN MEDIÁTICA DEL NEOLIBERALISMO

Entre las limitaciones de nuestra democracia cabe destacar la escasa diversidad de los mayores medios de comunicación, como se aprecia claramente cuando se compara la diversidad de tales medios en España con la de la mayoría de los países de la UE. No existe en tales medios en España la riqueza y diversidad de opciones y valores existentes entre la población española. Ni que decir tiene que hay una gran variedad de opiniones expresadas en tales me-

1. A. Glyn, *Globalization and Progressive Economic Policy*, Cambridge University Press, 1999

137

dios, pero esta diversidad se presenta dentro de un marco definido por sus equipos de dirección, que a través de la selección de noticias, temas y autores definen sus políticas mediáticas, reflejadas en los editoriales de tales medios. Los medios de información son, de esta manera, medios de persuasión, que intentan configurar el estado de opinión del país. Su falta de diversidad y su consecuente sesgo crean un distanciamiento entre ellos y grandes sectores de la población.

Los ejemplos de este distanciamiento son múltiples. Según las encuestas del estado de opinión de las poblaciones de los países de la UE, la población española es de las que desea un mayor incremento del gasto público social (debido en parte a que el gasto social per cápita en España es de los más bajos de la UE).[1] A pesar de ello, no hay ningún diario importante español (entre los seis más importantes del país) que haya publicado editoriales como lo han hecho, entre otros, *Le Monde* en Francia y *The Guardian* en Gran Bretaña a favor de un mayor gasto público y social. Antes al contrario, los periódicos que se han expresado a través de sus editoriales a este respecto lo han hecho precisamente para aconsejar al gobierno español que reduzca el crecimiento del gasto público o que lo congele.

Otro ejemplo de uniformidad, dentro de la diversidad de estos medios de comunicación, ha sido la interpretación que tales medios han realizado del problema social más importante que tiene España, a saber, el paro. La gran mayoría de la cultura mediática del país –con contadísimas excepciones– ha atribuido tal paro a la rigidez del mercado laboral español, así como al excesivo crecimiento de los salarios y de la protección social, que se supone han

1. Eurostat, 1997.

138

inhibido la inversión y la creación de empleo por parte de la clase empresarial de nuestro país. Esta interpretación del paro se ha reproducido ad náuseam en los medios de persuasión, y muy en particular en aquellos próximos al capital financiero, cuyos portavoces han sido los más insistentes en la propagación de esa interpretación del paro anualmente bendecida por los centros de ortodoxia financieros, el Banco de España, el Fondo Monetario Internacional y el equipo económico de la OCDE. Estas interpretaciones de nuestra realidad se han convertido en lo que, con razón, se ha llamado el pensamiento único, que alcanzó ya hace años la categoría de dogma. Como todos los dogmas, éste se reproduce a base de fe (y cajas de resonancias proveídas por los medios de persuasión), más que a base de la evidencia empírica. Como decía mi maestro el premio Nobel de Economía Gunnar Myrdal, los dogmas económicos son los más impermeables a la evidencia científica.

En realidad, la evidencia científica existente no apoya la interpretación de que el paro en España se haya debido o se deba a la supuesta «falta de moderación salarial» o a la no existente «exagerada protección y gasto social». Un estudio reciente publicado en Estados Unidos y prácticamente desconocido en España apunta hacia otras causas de este paro y de la elevada inflación durante los años ochenta y noventa, causas prácticamente ignoradas en los medios de información españoles. La profesora Sofía Pérez, de la Boston University, en su libro *Banking on Privilege. The Politics of Spanish Finantial Reform* (Cornell University Press, 1997), señala precisamente al capital financiero, y muy en particular al comportamiento oligopolístico de la banca española (los seis bancos más importantes de España) y a las políticas proteccionistas seguidas hacia este sector por parte de los gobiernos españoles, y por el Banco de España, como una de las causas de ese paro y de esa inflación. La autora del libro muestra que mientras los portavoces de la banca y del Banco de España demandaban la completa liberalización de la economía española, incluyendo la máxima desregulación posible del mercado laboral, el sector bancario exigía y conseguía políticas altamente proteccionistas, responsables de los altos intereses bancarios, que siguieron siendo muy altos durante los años ochenta pese a que el déficit público y la inflación disminuyeron durante ese período. Estos altos intereses supusieron un gran obstáculo para la inversión de capital productivo, debido a los elevadísimos costes financieros del empresariado español, mucho mayores que los de otros países tanto de la UE como de la OCDE. En 1992, por ejemplo, esos costes financieros para los empresarios españoles eran nada menos que casi el doble que los de Estados Unidos y más del doble que en Japón. Estos elevadísimos costes fueron resultado de las políticas oligopolísticas del sector, favorecidas por las políticas proteccionistas apoyadas por el Banco de España, que impidieron la liberalización del sector con la entrada del capital extranjero. Incluso después de la entrada de España en la UE, la entrada de capitales financieros extranjeros en el mercado de capitales fue mínima. Mientras que en el sector manufacturero el capital extranjero pasó de ser un 17% en 1985 a un 31,5% en 1990, en el sector bancario el porcentaje de capital extranjero continuó siendo insignificante. Únicamente el sector energético (en el cual la banca española fue el mayor accionista) tuvo una protección semejante a la que tuvo el sector bancario. Este comportamiento oligopolístico, con elevadísimos costes financieros, significó para la banca española los beneficios más altos de la UE. La tasa de beneficios netos de los

140

seis bancos más importantes de España fue en 1990, por ejemplo, casi tres veces superior a la tasa de beneficios netos de la banca francesa, casi el doble que la de la banca alemana, más de cuatro veces superior a la de la banca belga, menos del doble que la de la banca italiana, casi tres veces a la de la banca holandesa y menos del doble que la de la banca británica. Estos beneficios de la banca española no se debían a su eficiencia (en realidad eran los bancos menos eficientes con mayores costes de Europa) sino a su control oligopolístico del mercado de capitales. Resulta paradójico que los portavoces del capital financiero y del Banco de España continuaran pidiendo la liberación de todos los sectores (excepto el suyo), así como austeridad social y salarial para el resto de la nación, mientras alcanzaban unos beneficios exagerados debido al proteccionismo de que gozaban. No era la inexistente exuberancia social o salarial, sino la exuberancia bancaria, la que contribuía en gran manera al paro en España, al dificultar la inversión y la creación de empleo.

A pesar de ésta y muchas otras pruebas científicas acumuladas durante estos años, los medios de información continúan reproduciendo el mensaje que caracteriza el pensamiento único de que el gasto social y los salarios son la causa del paro y la inflación. En 1999, en la conferencia del Círculo de Economía en Sitges, un ministro de Economía del gobierno anterior próximo al Banco de España, Carlos Solchaga, repetía una vez más que el gasto social público era excesivo y su aumento tenía que limitarse, declaraciones que aparecieron en los seis diarios más importantes del país. Ninguno de tales diarios publicó, sin embargo, las declaraciones de otro ex ministro, Josep Borrell, con un cargo político, por cierto, en aquel momento de mucha mayor responsabilidad que Solchaga, que pidió un crecimiento significativo del gasto social público para alcanzar la convergencia social con la UE. Una vez más, los medios de información configuraron cuál era el mensaje importante y cuál no, promoviendo las posturas que favorecen y silenciando las que no apoyan. La visibilidad de posturas políticas y su proyección mediática depende en gran manera de su articulación dentro de los parámetros aceptados por la sabiduría convencional reproducida por esos medios. Estos mismos medios de información señalaron con satisfacción la dimisión de Oskar Lafontaine, ministro de Finanzas alemán, que también había tenido la osadía de cuestionar –como Josep Borrell– los supuestos del pensamiento neoliberal.

Este constante sesgo informativo a favor de las tesis neoliberales están empobreciendo enormemente la democracia española. El lector me permitirá que termine estas notas con una experiencia personal que considero representativa. Durante las últimas elecciones legislativas aconsejé a Josep Borrell, cuando era el candidato socialista a la Presidencia del Gobierno. Se había realizado, entre otras muchas, una propuesta altamente novedosa y que, de aprobarse, representaría un paso cualitativo de enorme importancia en la mejora de la calidad de vida de los españoles (me refiero a la universalización del derecho a los servicios de ayuda a las familias). Durante el proceso democrático se establecieron en España los derechos de todo ciudadano a la sanidad, a la educación y a la pensión. No existe en España, sin embargo, el derecho a la infraestructura de servicios de ayuda a las familias, lo cual se refleja en la enorme sobrecarga de las familias (y sobre todo de las mujeres) y en la baja participación de la mujer en el mercado de trabajo, y en la bajísima fertilidad. En realidad, si España tuviera el mismo porcentaje de la población adulta trabajando en tales servicios (así como en sanidad y educación) que tienen los países donde tales derechos son universales, España tendría pleno empleo, detalle que Borrell subrayó en múltiples ocasiones sin que los seis diarios más importantes de España informaran sobre tal propuesta ni una sola vez. Sería impensable en Estados Unidos que si la señora Clinton o el senador Kennedy (personalidades a las que también he tenido el honor de asesorar) hicieran estas propuestas, los medios de información no dieran cuenta de tal noticia.

En España, los medios de información no informaron de ninguna de las mayores propuestas auténticamente innovadoras de Borrell, que proponían una importante expansión del Estado del bienestar español que hubiera beneficiado a la mayoría de la población, recortando a su vez los grandes privilegios de las rentas del capital y otros sectores que se han beneficiado espectacularmente durante estos años de gobiernos de derechas. El silencio mediático de estas propuestas fue responsable en gran parte de la imagen de «moderación» del candidato Borrell (imagen favorecida por otra parte por sectores importantes del Partido Socialista que habían aceptado acríticamente las tesis neoliberales y que se habían resistido al desarrollo de tales propuestas), dando una imagen falsa de similitud programática entre las dos opciones políticas mayoritarias en España, que ha empobrecido la vida democrática del país. En lugar de informar sobre tales propuestas, los medios de información se centraron exclusivamente en las irregularidades e ilegalidades de personas próximas al ex ministro, aunque tales casos no reflejaran la integridad, honorabilidad y honestidad del candidato. En realidad, esta centralidad en la ilegalidad de sus colaboradores fue el final, no el principio, de una campaña mediática de desprestigio encaminada a destruirle a él y su proyecto. La dimisión de Josep Borrell, un ejemplo de ética política, puso de relieve, una vez más, el enorme poder del neoliberalismo en España, reproducido en la cultura mediática del país, que ha ido destruyendo, uno por uno, a los portavoces del pensamiento alternativo, un pensamiento de reforma profunda de nuestra sociedad, necesario para completar la transición todavía no plenamente realizada hacia un país auténticamente democrático con pleno desarrollo de su bienestar social y con auténtica diversidad en sus medios de información.

4. LA PROTESTA AL NEOLIBERALISMO: ¿QUÉ PASÓ EN SEATTLE?

El conflicto de Seattle se ha definido con frecuencia en España como un conflicto entre las fuerzas favorables a la globalización (presentadas como las fuerzas progresistas con visión de futuro) y las fuerzas contrarias a la globalización (fuerzas definidas como «nostálgicas», «proteccionistas» e incluso «reaccionarias»), presentando a la Organización Mundial del Comercio (OMC) como un sistema de gobierno y regulación del comercio internacional necesario para facilitar el desarrollo mundial. Un ejemplo de esto es el caso de una personalidad literaria, Vargas Llosa, a la que se le ofrece el privilegio de reproducir (con una frecuencia no facilitada a otros autores) el dogma neoliberal en las páginas de *El País*. El lector me permitirá dar una visión distinta, tanto de lo ocurrido en Seattle como sobre la naturaleza de la OMC. Veamos. Seattle es una ciudad preciosa, semejante en muchos aspectos a Barcelona; es una ciudad industrial de cerca de dos millones de habitantes, con un gran puerto, en mitad del estado de Washington (de tamaño semejante a

Cataluña), uno de los estados industriales más importante de Estados Unidos (sede de la industria aeronáutica más importante del mundo). Seattle es también una de las ciudades estadounidenses con mayor densidad sindical, más de 120.000 sindicalistas, dentro de uno de los estados más sindicalizados de Estados Unidos: casi medio millón de sindicalistas, que representan una de las alas más progresistas del movimiento sindical de Estados Unidos, revitalizado a partir de mediados de los años noventa con la elección como presidente de la Federación Sindical de Estados Unidos, la AFL-CIO, de Sweeny, quien ha movilizado al movimiento sindical, consiguiendo victorias importantes como la huelga de los trabajadores de los servicios de mensajería UPS (en contra de la temporalización de los trabajos fijos y subcontratación con empresas pequeñas no sindicalizadas) y la movilización internacional para parar la propuesta de la OCDE del Multilateral Agreement on Investment (MAI), que hubiera dado un poder enorme a las multinacionales a costa del poder de los Estados. La radicalización del movimiento sindical había sido resultado, en parte, de su rechazo hacia la versión del Tratado de Libre Comercio entre Estados Unidos, Canadá y México (NAFTA) propuesta por el presidente Bush en 1991, y más tarde por el presidente Clinton en 1993. El movimiento sindical, junto con el movimiento ecológico (que con el movimiento feminista y el movimiento de derechos humanos representan las bases del Partido Demócrata), había hecho propuestas para enmendar tal Tratado proponiendo que la reducción de aranceles de comercio entre Estados Unidos y México fuera condicionada al aumento del salario mínimo en México, propuesta que había sido patrocinada conjuntamente por la izquierda mexicana, liderada por Cárdenas, y por la izquierda del Partido Demócrata, liderada por Jesse Jackson en aquel

145

momento. En una conferencia de prensa conjunta en la ciudad de Washington (a la que asistí como asesor de Jesse Jackson y de los sindicatos estadounidenses), ambos líderes habían acentuado que había que utilizar el Tratado para mejorar las condiciones de vida de México sin empeorar las de los Estados Unidos. Ambos habían señalado que la inversión extranjera en un país no llevaba automáticamente a mejorar las condiciones de vida de la población receptora de la inversión. El presidente Clinton sin embargo no aceptó tales propuestas: de ahí que el Tratado se aprobara con el apoyo del Partido Republicano y la derecha del Partido Demócrata (centrada en el sur de Estados Unidos) y en contra del voto del Partido Demócrata. Ahí se inició una relación tensa entre Clinton por un lado y el Partido Demócrata y los sindicatos por otro. Y los sindicatos iniciaron un proceso de radicalización, que fue el trasfondo de los hechos de Seattle. NAFTA confirmó los peores temores del Partido Demócrata y los sindicatos. Aunque la pérdida de puestos de trabajo no fue tan grande como los sindicatos habían vaticinado, así y todo 250.000 obreros perdieron su trabajo en Estados Unidos, resultado del flujo de capitales productivos a México desde Estados Unidos. Por otra parte, en México hubo un crecimiento muy notable de las inversiones procedentes de Estados Unidos en los primeros cuatro años de NAFTA, que subieron de 16,9 billones a 26,5 billones (predominantemente en la manufactura), a la vez que el salario medio en la manufactura en México descendió un 23% durante el mismo período. La globalización en esta parte del mundo no significó una mejora de los estándares de vida a los dos lados del Río Grande. Al mismo tiempo, el anunciado aumento de puestos de trabajo en el sector exportador de Estados Unidos no se materializó. Las exportaciones aumentaron considerablemente sin que el empleo en el sector exportador aumentara. Caterpillar, la empresa productora de maquinaria agrícola más importante de Estados Unidos, aumentó sus exportaciones en 1996 una cifra récord de 5,5 billones de dólares, a la vez que redujo su fuerza de trabajo en un 20%. Por otra parte, el consumidor estadounidense tampoco se beneficiaba del Tratado. General Motors trasladó su producción a México, donde el salario por hora era solo de 1,54 dólares, frente a los 18,96 de Estados Unidos. Y sin embargo el coste del coche Saturno, producido por esa empresa en México, subió de 24.500 dólares en 1994 a 31.000 en 1996. Los beneficios de General Motors aumentaron sin embargo considerablemente.

Éste es el trasfondo de los hechos de Seattle. Era claro para los sindicatos y los movimientos sociales que el punto de batalla no era globalización o no, sino el control de esa globalización. La disyuntiva, por lo tanto, no era proteccionismo versus libre comercio (tal como erróneamente se ha presentado), sino quién controla el proceso de globalización. Y un elemento clave era el control de la OMC, creada hace cinco años. Ésta no estaba controlada, en contra de lo que se aduce, por los países del norte contra los países del sur. La dicotomía norte-sur olvida que ni los países del norte ni los del sur son uniformes. Los que se movilizaron en Seattle en contra de la reunión de la OMC eran representantes de las clases populares de las poblaciones del norte y del sur. Entre los líderes de las manifestaciones en contra de la OMC estaban dirigentes sindicales de Argentina, Barbados, Malasia, Brasil y México, y otros; más de cien sindicatos de países del sur (incluidos varios en la clandestinidad) enviaron sus declaraciones de apoyo a las movilizaciones anti-OMC. Las élites gobernantes de los países del sur se oponían a incluir cláusulas de protección del trabajo y del ambiente para sus poblaciones en las normas internacionales del comercio, puesto que querían competir con los países del norte a base de salarios bajos y escasa protección ambiental. Representantes de las oligarquías y del mundo empresarial del sur indicaban que los países del norte habían iniciado su desarrollo a base de costes laborales bajos, exigiendo una situación semejante para sus propios países. Pero tales representantes olvidaban que lo que permitió desarrollarse a los países del norte fue precisamente la existencia de sindicatos e instituciones democráticas que permitieron desarrollar las presiones populares que mejoraron la distribución de la riqueza y de la renta y con ello facilitaron un mayor crecimiento económico. En la mayoría de estos países del sur, sin embargo, no existen hoy las condiciones políticas para que las condiciones ocupacionales y ambientales puedan mejorarse. Como bien decía Cárdenas, «las inversiones no llevarán automáticamente a la mejora de los salarios a no ser que haya unos sindicatos fuertes y representativos». No era pues el conflicto entre globalistas o proteccionistas, sino el conflicto entre grupos de poder del norte y del sur contra los intereses de las clases populares de ambos niveles de desarrollo económico.

La OMC está controlada no tanto por el norte como por las multinacionales (MNC) del norte, que han aprovechado el control sobre el comercio global para aumentar su enorme concentración. En 1999, las MNC controlaron un tercio de todo el comercio global, en una situación en que, como resultado de las grandes fusiones, se está alcanzando una enorme concentración económica en la que las diez transnacionales más importantes de cada sector controlan el 86% de las telecomunicaciones, el 70% de los ordenadores, el 85% de los fertilizantes, y un largo etcétera, concentración que está dificultando la competitividad internacional. En la práctica, la OMC está controlada por las MNC, que escriben sus reglas. Monsanto, Du Pont y Merch escribieron el borrador sobre las patentes, por citar sólo un ejemplo. Y en Seattle el congreso de la OMC fue organizado por un comité presidido por Bill Gates y Phillip Condit (presidente de Boeing). La financiación para el congreso provenía de las MNC, que dependiendo de su aportación (que iba de medio millón a 25.000 dólares) podían tener mayor o menor accesibilidad a los representantes gubernamentales, siendo los representantes comerciales del gobierno de Estados Unidos los de más difícil acceso. El punto de batalla en Seattle era denunciar la opacidad y gobierno de la OMC, paralizándolo. Y ésta fue la consigna del movimiento anti-OMC: paralizar la ciudad de Seattle y el congreso. Y lo consiguieron, demostrando que es posible la movilización internacional para transformar el sistema económico internacional, donde un niño muere de hambre cada dos segundos como promedio (UNICEF: *Annual Report 1999*).

El proceso de globalización no es intrínsecamente positivo o negativo. Depende de quién lo controle. Lo que hoy se llama globalización es una forma específica de mundialización de la actividad económica desarrollada según unas políticas neoliberales que están dañando el bienestar de las clases populares del norte y del sur. No hay que aceptar, sin embargo, que el neoliberalismo sea la única versión posible de mundialización. Como he escrito antes, en la Europa occidental, los países que están más integrados en la economía internacional son los países escandinavos de tradición socialdemócrata. Y son a su vez los que ofrecen mayor protección social a sus poblaciones, con lo que se niega el discurso neoliberal de que tal globalización requiere una reducción de la protección social y del nivel salarial para mejorar la competitividad, argumento que vemos reproducido erróneamente en nuestros propios círculos gubernamentales en España. El gasto público y el gasto social del Estado español (como porcentaje del PIB) ha ido disminuyendo en los últimos seis años, y la justificación de este descenso (por parte de las opciones conservadoras que gobiernan España y Cataluña) es que es necesario para competir en la economía globalizada e integrada en la UE. En realidad, tales políticas de austeridad no son requeridas ni por la globalización ni por la integración europea, sino por las demandas del capital financiero, al que tales opciones son especialmente sensibles. Una vez más, la globalización se utiliza como excusa para llevar a cabo políticas impopulares que se presentan como necesarias e inevitables.

Tercera parte

Las causas políticas de nuestro subdesarrollo social

VIII. EL CONTEXTO POLÍTICO DEL ESTADO DE BIENESTAR

1. LA SUPUESTA DERECHIZACIÓN DEL PAÍS

A partir de los resultados electorales del 12 de marzo de 2000, en nuestro país se ha ido creando una percepción generalizada, ampliamente reproducida en los medios de información españoles, de que las elecciones significaron «el colapso de la izquierda», reflejando un cambio histórico en el comportamiento electoral del país, con un movimiento muy significativo del electorado hacia la derecha (llamada centro) que ha dado la mayoría absoluta en las Cortes Españolas al partido conservador. Es más, este movimiento del electorado hacia la derecha se considera representativo de un movimiento en el mismo sentido por parte de la mayoría de la ciudadanía española, puesto que incluso la abstención se interpreta como signo de satisfacción con la gestión del partido gobernante, el PP. En este sentido, la derrota del PSOE se interpreta como el resultado de que este partido está perdiendo las clases medias, satisfechas con la situación económica y política del país y asustadas por su supuesto giro a la izquierda (traducido por su pacto con IU). De ahí que sectores de la dirección

153

del PSOE y varios candidatos a su Secretaría General pidieron, una vez más, el movimiento hacia el centro del partido.

En esta interpretación se ignoran varios hechos elementales que permiten una lectura distinta de lo acaecido el 12 de marzo. Veamos. En primer lugar, para medir el ascenso o descenso electoral de un partido político no es suficiente con comparar los porcentajes o el número absoluto de votantes que apoyan a tal opción en dos elecciones consecutivas. Lo que debe hacerse es comparar el porcentaje o el número absoluto de votantes sobre el censo electoral, es decir, sobre el número total de personas que votaron, más los que no votaron pudiendo hacerlo, corrigiendo ese censo por los cambios demográficos que han ocurrido durante las dos elecciones consecutivas. Pues bien, cuando se hacen estos cálculos, se ve que en realidad el crecimiento de votantes del partido conservador en el año 2000 fue sólo un 1% del censo electoral. Me parece un tanto exagerado construir toda una tesis que supone un cambio de cultura política y derechización del país basado en este crecimiento.

El segundo hecho ignorado en esta sabiduría convencional es que debido al dominio de la derecha en el proceso de la transición de la dictadura a la democracia, considerado erróneamente modélico, España tiene uno de los sistemas electorales más discriminatorios contra la izquierda de la UE. En muchas partes del país se requirieron incluso seis veces más votos para elegir a un candidato de izquierdas que a uno de derechas. Dicho sesgo electoral explica que un mero cambio de un 1% de aumento en el censo electoral de votantes del PP diera el 12 de marzo una gran mayoría de diputados de esa opción política en el Parlamento. Soy consciente del argumento de que el

PSOE también consiguió mayorías absolutas y que la base discriminatoria –que se reconoce que existe– es más territorial que política. Pero en España lo territorial es en general político. Costó solo 15.000 votos elegir a un parlamentario del PP en Soria, un territorio tradicionalmente conservador, mientras que en Barcelona, un territorio tradicionalmente progresista, costó más de 100.000 votos conseguir un parlamentario de izquierdas. En realidad, las mayorías del PSOE son de improbable reproducción debido a la creciente dispersión de su voto, a no ser que la izquierda se presente en coalición o en alguna fórmula que permita complementar sus votos.

La explicación de la victoria del PP no puede limitarse, sin embargo, al aumento de un 1% del voto en el censo electoral al PP ni tampoco al sesgo discriminatorio del sistema electoral, sino que debe incluir también el análisis del descenso del voto de izquierdas (un 9% del censo electoral), que se debió primordialmente al aumento muy notable de la abstención, junto a un trasvase de votos del PSOE e IU al PP, más acusado en áreas de clase trabajadora no cualificada que en sectores de clases medias y adineradas, como quedó demostrado en el cinturón de Barcelona, donde las políticas lingüísticas del PP y sus políticas de inmigración, percibidas como hostiles a los inmigrantes extranjeros, motivaron en parte ese trasvase del voto entre un electorado en cuyas vidas la inseguridad es una constante. La abstención y el voto en blanco eran principalmente un voto de protesta a los partidos de izquierda, y un rechazo a los comportamientos de las direcciones de tales partidos que alienaron a un número creciente de sus votantes. Es un error creer que las elecciones se ganan o pierden durante la campaña electoral. En realidad, lo que ocurre ahora, está ya configurando la respuesta de la población en las próximas elecciones. Creerse que la abstención se debió a la satisfacción con la situación actual, reproducida con el mensaje de que España va bien, es asumir que las clases populares, y sobre todo la clase trabajadora no cualificada (que es la que experimentó mayor crecimiento en su abstención), estaban más satisfechas que las clases medias de renta alta, puesto que las primeras se abstuvieron mucho más que las segundas. De nuevo, el incremento de la abstención fue mucho mayor en los barrios trabajadores de Barcelona (como La Sagrera y Nou Barris) que en los barrios profesionales o de clase media alta (como Sarrià o Gràcia). Y hay muchas más Sagreras y Nou Barris en España que Sarriás y Gràcies. El crecimiento de la abstención fue pues más una protesta y una frustración con los comportamientos de tales partidos de izquierdas que un indicador de mayor satisfacción con la gestión de gobierno del PP. Tal frustración, compartida por las bases de los partidos de izquierda, se debe a las constantes luchas internas fratricidas, dirigidas a sostener un continuismo en las direcciones, que, cuando salían de esas luchas internas, era para centrarse en temas de Estado, alejados de las preocupaciones no resueltas de la cotidianidad. Estos hechos han conducido al inevitable descrédito de esos instrumentos.

Por otra parte, la continua división de las izquierdas y su sectarismo, que reproduce su división, han sido responsables del retraso del Estado del bienestar en España. Es en los países donde las izquierdas son fuertes y están unidas, y las derechas están divididas (como en los países nórdicos de Europa), donde encontramos los Estados del bienestar más desarrollados de Europa. En España, la posición es inversa; las derechas están unidas y las izquierdas sumamente divididas, y ello a pesar de que a nivel programático no hay diferencias sustanciales en lo que proponen los dos partidos mayoritarios de las izquierdas para resolver los problemas de la cotidianidad, tales como la enseñanza, la sanidad, la creación de empleo, las pensiones, los servicios de ayuda a la familia y otros temas que las encuestas muestran como los más importantes para la población.

Sería injusto, sin embargo, no señalar que también hubo contribuciones positivas de las izquierdas. Una explicación que se reproduce acríticamente en esta nueva sabiduría convencional es que las izquierdas perdieron porque no tenían propuestas nuevas atrayentes. En realidad, sí las tuvo, y muchas de ellas fueron copiadas por el PP. El problema no fue la ausencia de propuestas innovadoras, sino la falta de credibilidad de los instrumentos políticos de las izquierdas. Me explicaré. El entonces candidato Borrell me pidió que le ayudara a diseñar en el PSOE las propuestas de reforma y expansión del Estado del bienestar español, un Estado que reproduce una polarización social en el que las clases populares utilizan los servicios públicos (sean los servicios sanitarios o las escuelas) y las clases medias y altas recurren a los servicios privados. En España no ha cristalizado todavía la alianza de la clase trabajadora con las clases medias, alianza básica para el desarrollo de un Estado del bienestar de calidad, que establezca unos servicios en los que las clases medias se encuentren satisfechas y sean retenidas en el sector público. El reto en España, por lo tanto, es diseñar un Estado del bienestar en el que las clases medias, que tienen unas expectativas más elevadas, se encuentren cómodas. De ahí que propusiera al Partido Socialista que en su propuesta sanitaria se comprometiera a ofrecer en el Servicio Nacional de Salud una cama por habitación (con derecho a una cama extra para miembros de la familia). Tal propuesta fue aceptada por el PSOE, lo que creó una respuesta hostil inicial del PP, que acusó al PSOE de irresponsable, aduciendo que era irrealizable por razones económicas. Al ver la popularidad de tal propuesta, sin embargo, el PP la hizo suya (como pasó con muchos otros aspectos del programa social del PSOE). El gobierno conservador actual se ha comprometido por lo tanto a realizar tal medida, así como a llevar a cabo otras propuestas de las izquierdas como la generalización de los servicios de ayuda a las familias tales como escuelas de infancia y servicios domiciliarios para los ancianos y personas con discapacidades. Si el PP cumple sus promesas (y es de desear que lo haga), el país se beneficiaría de ello. Dudo, sin embargo, que se cumplan sus compromisos sociales. Éstos entran en clara contradicción con su objetivo de rebajar todavía más el gasto público, que ha ido descendiendo como porcentaje del PIB desde 1994, sobre todo a costa del gasto social que ha pasado de un 24% del PIB en 1994 a un 20% en el presupuesto del año 2001. Esta reducción del gasto está deteriorando la calidad de vida de la ciudadanía en sus aspectos cotidianos empeorando la calidad de los servicios públicos, como lo demuestran las protestas populares que vimos el año pasado motivadas por las largas listas de espera para intervenciones quirúrgicas de vida o muerte.

2. LA EVOLUCIÓN DE LA SOCIALDEMOCRACIA EN ESPAÑA

Cuando viví en Suecia, Gran Bretaña y Estados Unidos, nunca en estos ni en otros países en los que he impartido clases he visto a los medios de información referirse a las distintas corrientes políticas dentro de los partidos progresistas por el nombre de las personas que lideraban tales corrientes. Así, en Suecia, nunca leí u oí a nadie referirse, dentro del Partido Socialdemócrata, a palmeristas, andersonistas, pearsonistas, o en Inglaterra, dentro del Partido Laborista, a wilsonistas, callaghannistas o, ahora, a blairistas, brownistas o prescotistas, o en Estados Unidos, dentro del Partido Demócrata, a kennedistas, jacksonistas o clintonistas. En España, sin embargo, los medios de información constantemente clasifican las corrientes políticas del Partido Socialista en felipistas, guerristas, borrellistas, solchaguistas y un largo etcétera. Esta costumbre de personificar las corrientes políticas, además de ser ofensiva, es sumamente preocupante, puesto que reduce los debates políticos a luchas personales de poder, contribuyendo así al descrédito de la política en nuestro país. Un ejemplo de lo dicho ha sido la presentación por parte de los medios de información de los debates precongresuales del PSOE, que se han mostrado en su mayor parte como conflictos de proyectos personales. Sin negar que hay conflictos, por otra parte inevitables, de poder personal, es profundamente erróneo reducir el debate a este nivel, cuando los conflictos reflejan una diversidad de proyectos que se reproduce hoy en toda Europa y que no se discute en los medios de información en España. Veamos.

Las tradiciones socialdemócratas europeas han variado enormemente en los últimos veinte años. En el norte de Europa, desde la Segunda Guerra Mundial ha gobernado predominantemente la socialdemocracia, que se ha caracterizado por un compromiso en la consecución del pleno empleo, estimulando a la vez la participación de la mujer en el mercado de trabajo y alcanzando así las tasas de actividad laboral más altas en Europa, lo que les ha permitido desarrollar

159

un Estado del bienestar muy amplio y altamente redistributivo que ha conseguido la mayor reducción de las desigualdades sociales y de la exclusión social hoy en el mundo capitalista desarrollado. En el centro de Europa, la socialdemocracia, sin embargo, no ha sido hegemónica, y cuando ha gobernado ha tenido que hacerlo frecuentemente con la Democracia Cristiana, lo cual explica que, aunque alcanzara el pleno empleo, la tasa de participación laboral de la población adulta fuera relativamente baja debido a la escasa incorporación de la mujer en el mercado de trabajo, integración que no ha sido prioritaria para la Democracia Cristiana.

En el sur de Europa, la socialdemocracia era la más radical durante aquel período (recordemos que Mitterrand prometió trascender el capitalismo, y en España, el primer programa del PSOE en la democracia, así como su discurso electoral, estaban más a la izquierda que el PCE), radicalismo que compartió con el Partido Laborista Británico, que en su famosa cláusula 4 pedía la nacionalización de todos los medios de producción y distribución. Ha sido en estos países, y muy en especial en Gran Bretaña y en España, donde la socialdemocracia ha cambiado más profundamente. En la primera, apareció la Tercera Vía, cuyo teórico más conocido, Anthony Giddens, la definió como la alternativa entre el Partido Laborista entonces existente (que erróneamente identificó con la socialdemocracia tradicional) y el neoliberalismo de Thatcher. El error de Giddens fue extrapolar la situación británica al resto de la socialdemocracia en Europa. En realidad, muchas de las políticas que Giddens consideraba nuevas y características de la Tercera Vía, tales como el énfasis en las políticas activas para facilitar la integración del desempleado en el mercado de trabajo o el hincapié en intervenciones para prever la exclusión social, habían sido ya llevadas a cabo con éxito por lo que él llamaba despectivamente Socialdemocracia Tradicional. En varios artículos critiqué las tesis expuestas en su libro *La Tercera Vía*, mostrando con datos que lo que él presentaba como nuevo en Gran Bretaña no lo era en el continente. En su respuesta *(Third Way and Its Critics)*, Giddens se refiere explícitamente a mis artículos aceptando mi crítica, redefiniendo entonces la Tercera Vía no como una alternativa entre la socialdemocracia y el neoliberalismo, sino como la respuesta de la socialdemocracia a la globalización económica y la revolución tecnológica, incluyendo como Tercera Vía desde las políticas desreguladoras del mercado de trabajo del gobierno neolaborista (de claro corte neoliberal), hasta la reducción de la semana laboral a 35 horas del gobierno socialista francés. De esta manera, la Tercera Vía pasa de Vía a Aparcamiento en el que pueden aposentarse todo tipo de vehículos políticos. Esta pérdida de especificidad da cabida a todo tipo de respuestas, lo que explica la gran variedad de portavoces de este proyecto.

Por otra parte, en España, la experiencia socialdemócrata 1982-1996 fue atípica dentro de la socialdemocracia europea, puesto que no tuvo como objetivo alcanzar el pleno empleo –como bien reconoce Carlos Solchaga en su libro *El fin de la época dorada*–, ni tampoco facilitar la integración de la mujer en el mercado de trabajo, con lo cual no hubo un aumento de la población activa durante los años de su gobierno. En realidad, algunas de sus políticas laborales fueron responsables del deterioro del mercado laboral, que explica el hecho, sin precedentes en Europa, de tener que enfrentarse a tres huelgas generales lideradas por los sindicatos. En otros aspectos importantes, sin embargo, las políticas públicas del gobierno del PSOE sí fueron tradicionalmente socialdemócratas. Es el caso de sus políticas redistributivas, conseguidas mediante el aumento muy notable del gasto social y la expansión de las transferencias y los servicios del Estado del bienestar. Ahora bien, la dirección del PSOE interpretó erróneamente sus derrotas electorales como resultado de su identificación con tales políticas redistributivas que se asume distanciaron del proyecto socialdemócrata a las clases medias. De ahí que, tal como ha hecho la Tercera Vía en Gran Bretaña (y a diferencia de lo que ha hecho el gobiernos socialista francés), la dirección del PSOE haya ido desenfatizando las políticas redistributivas, centrándose en su lugar en las propuestas de desarrollo de la igualdad de oportunidades. Pero la reducción de las políticas redistributivas reduce enormemente la deseada igualdad de oportunidades. Si se quiere que los hijos de las familias de trabajadores no cualificados que viven, por ejemplo, en Nou Barris, en Barcelona, tengan las mismas oportunidades en la vida que los hijos de las familias burguesas que viven en Pedralbes, no basta con incrementar sustancialmente las becas y otras ayudas financieras, incluyendo la formación profesional a los primeros –por muy necesarias que sean estas políticas–, sino que es necesario reducir considerablemente la distancia social, económica y cultural entre Pedralbes y Nou Barris. Centrarse en las políticas de igualdad de oportunidades, desincentivando a la vez las políticas redistributivas, es resolver muy parcialmente el problema de las consecuencias negativas de las desigualdades sociales. Como bien decía el diario *London Times* (4-VI-2000), «ninguna de las políticas de igualdad de oportunidades llevadas a cabo por el gobierno Blair variará sustancialmente el alumnado de las cinco universidades de élite más importantes del país». De ahí que el discurso de igualdad de oportunidades, en ausencia de políticas redistributivas, sea un discurso un tanto inflado que promete más de lo que ofrece.

Lo que la mayoría de la población desea es que sus impuestos y aportaciones al Estado mejoren su calidad de vida. De ahí que cuando a la ciudadanía se le pregunta si está a favor de pagar más impuestos, la gran mayoría responda afirmativamente si se le garantiza que tales fondos enriquecerán su sanidad y la de sus hijos, sus pensiones y las de sus padres, las escuelas de sus hijos o sus servicios de apoyo a las familias, como las escuelas de infancia y los servicios domiciliarios para los discapacitados. En la última encuesta del Eurostat, los porcentajes de respuestas afirmativas varían de un 68% a un 73% de la población, siendo la española la que muestra una respuesta más positiva a este incremento del gasto social a costa de un aumento de la carga impositiva. Esta situación no se presenta sólo en Europa. En Estados Unidos pudo verse cómo la popularidad del presidente Clinton frente a los republicanos se debió a que mientras éstos querían una reducción de los impuestos (que favorecería en su mayoría a las rentas superiores), Clinton quería utilizar el superávit del presupuesto federal en mejorar la Seguridad Social, la sanidad y la educación (que favorecen a la mayoría de la ciudadanía). En realidad, y en contra de lo que se dice con gran frecuencia en los medios de información, el grado de apoyo de la ciudadanía a pagar impuestos al Estado no depende de su cantidad sino de su repercusión en el ciudadano y de la percepción que se tiene de la justicia y transparencia del criterio recaudatorio. Independientemente de que las familias paguen al Estado —sea central, autonómico o local— o a empresas privadas, el hecho es que éstas necesitan servicios de sanidad, de educación y de apoyo a las familias. La popularidad de que tales pagos se realicen al sector privado o público depende de los

163

beneficios que se obtengan en uno u otro sistema. En Estados Unidos, por ejemplo, la familia promedio gasta un porcentaje de su renta en sanidad y servicios de ayuda a la familia privados, por ejemplo, que es semejante al porcentaje de lo que paga una familia sueca media por tales servicios públicos, con la desventaja de que los servicios proporcionados en Estados Unidos son menos completos y la satisfacción del usuario es menor que en Suecia, lo que explica la oposición a la reducción de impuestos en este último país –tanto entre sus clases medias como entre la clase trabajadora–, si tal reducción repercute negativamente en estos servicios. En España, el porcentaje de la renta familiar destinado a estos servicios, sean públicos o privados, es mucho menor que en Estados Unidos o en Suecia. Es impensable que podamos modernizarnos como país, alcanzando el promedio de calidad de vida de la UE, sin una convergencia en beneficios y gastos sociales con otros países desarrollados. ¿Es la vía privada o la pública la que puede ofrecer mayor o mejor cobertura para la mayoría de la población? La experiencia internacional no apunta a favor de la vía de financiación privada. Los países de tradición socialdemócrata, como los países del norte de Europa, han conseguido, a partir de la financiación pública de los servicios y las transferencias del Estado del bienestar, mayor cobertura a mayor número de la población, con mayor satisfacción popular, que los países de tradición cristianodemócrata (que han cubierto sus insuficiencias a base de sobrecargar a las familias y muy en especial a las mujeres) y liberal (que han proporcionado tales servicios mediante la financiación privada, utilizando mano de obra muy barata que ha contribuido a la polarización social de la fuerza laboral en sus respectivos países). La Tercera Vía, aunque tiene componentes de la socialdemocracia tradicional (como el acento en políticas

164

activas), se distancia de ella para acercarse a las tradiciones cristianodemócratas (como en su énfasis en sobrecargar a la familia, responsabilizándola de la provisión de servicios a los niños y a los ancianos, así como transformando tales servicios de universales en asistenciales) y liberales (como en su insistencia en la desregulación del mercado de trabajo), lo cual explica sus alianzas internacionales, reflejadas en un documento escrito conjuntamente con Aznar y Berlusconi y su constante referencia al altamente desregulado mercado laboral estadounidense como su inspiración. Es lógico, por lo tanto, que despierte recelos entre las bases sociales del proyecto socialdemócrata, sin necesariamente movilizar a las clases medias. Las derrotas electorales de Blair, Schröder y Prodi en las elecciones europeas, y después de D'Alema en Italia, reflejan su falta de apoyo popular. En todos estos casos hubo un incremento muy notable de la abstención, sobre todo de la clase trabajadora, que afectó también a las clases medias. En realidad, la Tercera Vía no es tanto el proyecto político de las clases medias como el de los grupos profesionales y técnicos, lo cual explica su popularidad en los medios de información y en los centros financieros (temerosos de las políticas redistributivas) que proveen las cajas de resonancia que promueven tal proyecto.

3. LA DEMOCRACIA INCOMPLETA

A raíz del aniversario de la muerte del dictador General Franco y del nombramiento del rey Juan Carlos I por las Cortes franquistas en 1975, hubo una movilización mediática y política del país que considero preocupante en una democracia. La causa de mi preocupación es la unanimidad de tal movilización, que presenta a la Monarquía como una institución de gran valor para la democracia española. En tal movilización no se ha podido leer u oír una sola voz crítica ni con la institución ni con el Monarca que la dirige, reproduciendo una cultura mediática que afirma que a la monarquía y a la persona que la representa no se las critica. Si España hubiera alcanzado el nivel de democracia existente en los otros países de la UE, tal aniversario habría visto una diversidad de opiniones que hubiera incluido voces aprobatorias junto a voces críticas con la institución monárquica y con la persona que la simboliza. Y puedo hablar con conocimiento de causa puesto que tras mi exilio viví en Suecia (país democrático cuyo jefe de Estado es un monarca), en Gran Bretaña (país democrático cuyo jefe de Estado es también un monarca) y en Estados Unidos (país democrático cuyo jefe de Estado es un presidente elegido y cuyo origen social ha sido en ocasiones de origen muy humilde, como es el caso del presidente Clinton –uno de los presidentes más populares en la historia de Estados Unidos–, con una madre auxiliar de enfermería de profesión y un padre alcohólico que abandonó a la familia). En ninguno de estos países (o en ningún otro país de la UE) el jefe del Estado estaba libre del escrutinio público y del debate crítico. Antes al contrario, tanto en Suecia como en Gran Bretaña, el monarca y su institución han sido sujetos a una gran crítica. Lo mismo en Estados Unidos, donde el jefe del Estado tampoco tiene ningún tipo de blindaje mediático o político que le asegure ausencia de crítica de la sociedad. En cambio, en España el jefe del Estado está por encima de cualquier crítica, y existe un consenso unánime en los medios de comunicación para aupar y no criticar al monarca o a la monarquía, consenso que se reproduce aun cuando se dan casos y situaciones que crearían polémica en cualquier otro país democrático. Ejemplos hay varios. Uno reciente es el regalo de un yate para uso personal del Rey por parte de un grupo de empresarios sin que ningún medio de comunicación ofreciera un editorial crítico sobre la aceptación de tal obsequio. En Suecia, es probable que los medios conservadores lo aprobaran, los de simpatía socialdemócrata expresaran sus reservas y los liberales lo desaprobaran contundentemente. En Gran Bretaña es también probable que en una situación semejante el diario conservador *The London Times* lo aprobara, mientras que el diario próximo al Partido Laborista *The Guardian*, así como el semanario liberal *The Economist* (que ha sido uno de los fórums más antimonárquicos de ese país) lo criticarían. En Estados Unidos, es probable que tal regalo al presidente se hubiera presentado no como un regalo personal, sino como un préstamo de interés nulo y pago indefinido (definiéndolo como ayuda provisional), lo cual no habría sido suficiente para acallar un revuelo notable en todos los medios de información. Quisiera aclarar que con esta observación no estoy refiriéndome a la bondad (o a su ausencia) del hecho de que jefes de Estado reciban regalos de yates para uso personal por parte de grupos económicos o empresarios, sino a la bondad de un sistema democrático que no incluya el debate y la diversidad de opiniones sobre el suceso. Éste es el hecho preocupante.

Tal unanimidad acrítica apareció también en los festejos que se realizaron para celebrar la monarquía, institución que fue presentada erróneamente en varios artículos laudatorios como homologable a las monarquías escandinavas. Ningún monarca escandinavo (o de cualquier otro país de la UE) tiene el blindaje en contra del escrutinio democrático que tiene el monarca en España, donde incluso en el Código Penal se penaliza a quien utilice la imagen del Rey de forma que pueda dañar el prestigio de la Corona. Como contraste, en esos países de mayor madurez democrática se puede ver, por ejemplo, la imagen de los jefes de Estado en programas satíricos equivalentes a los muñecos de Guiñol de Canal + en España. No así en nuestro país. Las diferencias entre las monarquías del norte (o del centro de Europa) y la de España, sin embargo, son incluso mayores que las diferencias en posibilidad de escrutinio crítico por parte de los medios de información. La monarquía española, a diferencia de las monarquías existentes en los demás países europeos, es percibida por amplios sectores de la sociedad como posible árbitro en situaciones políticas, como lo atestigua que varios presidentes de gobiernos autonómicos y varios medios de información hayan pedido al monarca que intervenga para arbitrar situaciones que rebasan claramente sus responsabilidades constitucionales. En este aspecto, es necesario subrayar que la Constitución Española no permite tal atribución de funciones al monarca ni tampoco exige este blindaje acrítico que se reproduce en el ámbito mediático del país.

Otro comportamiento mediático que considero de escasa sensibilidad democrática es la presentación del monarca español como la figura histórica que nos trajo la democracia, interpretación que apareció en el programa de máxima audiencia sobre la monarquía que presentó TV1, según el cual el franquismo era la dictadura de una persona y la democracia era la creación de otra –del Rey–. Sin desmerecer el papel importante que el Rey y otras personalidades tuvieron en la transición, ésta fue, sobre todo, el resultado de la presión popular (en el período 1975-1977 España vio el mayor número de huelgas políticas de Europa) y de la presión internacional. De ahí que las opciones posibles en aquellos años no eran, como constantemente se escribe en España, Dictadura o Democracia, sino qué tipo de Democracia. La vuelta a la dictadura como forma duradera y estable de gobierno era una alternativa con muy escasa posibilidad de realización: ni el pueblo español ni la presión internacional la hubieran tolerado mucho tiempo. Por lo tanto, es razonable pensar que las alternativas más reales se configuraban dentro de la democracia. Pero debido al poder que las derechas tenían durante la dictadura y durante la transición y a la debilidad de las izquierdas, consecuencia de la gran represión a la que estuvieron sujetas durante todo el período de la dictadura (que continuó hasta el último año de aquel régimen), la transición se realizó en términos favorables a las derechas, con lo cual las instituciones y reglas democráticas en nuestro país están sesgadas hacia las derechas. Aunque débiles, sin embargo, fueron las izquierdas las que presionaron para ir democratizando aquel proyecto, cuyos primeros pasos, durante los primeros años de la monarquía, habían sido a todas luces insuficientes. Las derechas se resistieron tanto como pudieron –como consta que Aznar, entre otros, no apoyó la Constitución cuando se realizó el referéndum que la aprobó–, imponiendo condiciones y restricciones que limitaron el desarrollo democrático, como las prerrogativas del jefe del Estado español –únicas en la UE–, que incluyeron un blindaje mediático frente a la crítica y el escrutinio democráticos. Ahora bien, tales limitaciones, incluyendo las expresadas en el Código Penal, no derivan de la Constitución. Precisamente, una de las grandes victorias de la democracia y del documento constitucional es la de la libertad de expresión con pleno derecho a la crítica a la monarquía y al monarca, derecho que los medios de información, reproduciendo una actitud acrítica hacia la monarquía, no ejercen, con el consiguiente empobrecimiento de nuestra democracia. Es más, la propia Constitución permite su modificación a fin de alcanzar una mayor profundización democrática, realidad ignorada por las derechas de nuestro país, que, mientras que ayer se oponían a ella, ahora impiden su modificación, olvidando que la Constitución no es el punto de llegada, sino de partida, hacia una sociedad auténticamente democrática. Apoyar la transición y la Constitución no quiere decir presentar la primera como modélica y considerar la segunda inmejorable. Antes al contrario, la Constitución ofrece a la ciudadanía unos cauces democráticos para alcanzar un mayor desarrollo democrático que puede incluir, por ejemplo, el posibilitar que en un día futuro una hija de una auxiliar de enfermería del barrio obrero de Nou Barris, en Barcelona, pueda ser elegida jefa del Estado, representándonos a todos.

Quisiera añadir otra reflexión generada por la unanimidad en el aplauso a la monarquía, que es también un indicador de la falta de confianza por parte de los medios de información hacia la cultura democrática de la ciudadanía española, reproduciendo una actitud un tanto elitista que juzgo injusta e inmerecida por el pueblo español. Tal actitud se reflejaba, por ejemplo, en el artículo de John Carlin que concluía el número especial que el diario *El País* dedicó al Rey (22-12-2000), en el cual el autor, con un tono condescendiente para con el pueblo español, concluía que la ausencia de actitud crítica hacia el monarca y hacia la monarquía en los medios de información reflejaba una falta de preparación de la población española para gozar de plena democracia, definiendo «la autocensura (de los medios de información) como una demostración de responsabilidad cívica» destinada a proteger la democracia. Quisiera concluir este apartado expresando mi desacuerdo con esta postura, y señalando que, al contrario de lo que John Carlin escribe, la unanimidad acrítica existente es un síntoma de irresponsabilidad cívica y democrática de los medios de información que ofende la conciencia y la cultura democráticas que la ciudadanía española se merece. La monarquía no puede ser resultado de una imposición mediática ejercida sobre la ciudadanía española, sino que debe ser la consecuencia de su popularidad ganada a pulso, sin cajas de resonancia, contrastada con otras alternativas, como la forma republicana de gobierno, cuyos promotores deben gozar de la misma accesibilidad a los medios, algo que no ocurre en nuestra democracia incompleta. Esta escasa sensibilidad democrática mostrada por los medios de información en su unánime aplauso a la monarquía, con ausencia de crítica hacia la institución y al monarca, está dañando a la democracia española, al reproducir una cultura cortesana que enfatiza un orden jerárquico en el que el jefe del Estado y su corte están por encima de toda crítica, de forma que se enfatiza la aceptación pasiva por parte de la ciudadanía de un sistema jerárquico en el que el monarca está arriba, mientras que todos los demás estamos abajo, con una gradación de importancia que depende de la distancia existente entre cada ciudadano y el monarca. No hay que olvidar que una de las consecuencias más positivas de la transición fue precisamente la transformación de la figura del jefe de Estado, que pasó de serlo «por la Gracia de Dios» a serlo por la Gracia del Pueblo español, convirtiéndolo en su representante y servidor. Es de gran urgencia democrática que los medios de información modifiquen sus hábitos heredados del régimen anterior y sometan al jefe del Estado al mismo nivel de escrutinio y debate que se da en otros países democráticos, para así alcanzar el nivel de madurez democrática que nuestra ciudadanía merece.

4. QUEDA MUCHO POR HACER: NUESTRO DÉFICIT DEMOCRÁTICO

En las mismas fechas en que el partido conservador español ganaba las elecciones legislativas en España, en otro país de la UE tenían lugar otras elecciones que apenas fueron comentadas en los medios de información y persuasión españoles. Es una lástima que no se informara mejor a nuestra ciudadanía, porque se hubiera mostrado lo mucho que todavía nos queda por hacer en nuestro país. Suponga el lector que en las últimas elecciones en España hubiéramos tenido cuatro candidatos, de los cuales tres hubieran sido mujeres; una de ellas, la ganadora, hubiera sido la candidata del Partido Socialista, madre soltera, lesbiana, con pareja, dos gatos y dos tortugas y residente en un barrio obrero de Madrid, usuaria, como la gran mayoría de políticos de ese partido, de los servicios públicos. Imagínese el lector que tal mujer, aunque muy popular, no hubiera dado protagonismo a su persona sino al partido, y sobre todo al programa, el cual se hubiera centrado en los temas de la cotidianidad, y muy en especial en los temas de apoyo a las familias, proponiendo una ampliación muy notable del Estado del bienestar.

Suponga también el lector que tal candidata no se presentara como feminista, y que sus propuestas tampoco se proclamaran feministas, sino simple y llanamente como progresistas. En realidad, el hecho de que la mayoría de candidatos fueran mujeres ni siquiera llamaría la atención,

172

porque ya había habido mujeres ministras en esta España imaginaria desde los años ochenta, ministras, no sólo de temas sociales como Sanidad, Educación y Servicios Sociales, sino también de Economía e incluso de Defensa (en 1990).

Suponga también que, en contra de lo que ocurre hoy, en esta España imaginaria las mujeres votaran más progresista que los varones y que el 57% de las primeras y el 45% de los varones la votaran, siendo el compromiso de la propuesta progresista, la ampliación del Estado del bienestar la razón principal de este apoyo. Y permítame que sugiera al lector que continúe imaginando y que en las últimas elecciones en esta España imaginaria incluso las zonas rurales hubieran votado a la citada candidata mujer, a pesar de sentirse tales poblaciones rurales incómodas con ella debido a sus críticas a la Iglesia por su resistencia a ordenar a mujeres como sacerdotes. A pesar de estas resistencias, grandes sectores de la población rural y urbana la apoyarían, debido a la popularidad del programa pro familias de la candidata. Pues bien, el lector, agotado o agotada de tanto suponer e imaginar, puede ya tocar tierra y dejar de imaginar. Tales hechos ocurrieron en Finlandia, en el mismo período en que en España también tuvimos elecciones. La candidata ganadora se llama Tarja Halonen, la ministra de Defensa de 1990 se llamó Elisabeth Rehn, el barrio obrero de Helsinki se llama Thorta, la Iglesia es la luterana, y el Estado del bienestar es el finlandés, tres veces más extenso (medido por gasto social per cápita) que el español.

¿Cuánto tiempo ha de pasar en España para que lleguemos a esta situación? Muchos años. En España y en Cataluña se ha hecho mucho, pero nos queda aún muchísimo por hacer. En este aspecto, no es suficiente diversificar las estructuras representativas en cuanto a género, sino también y sobre todo dar énfasis a los temas que preocupan más a la población, para lo cual se necesita que las personas con responsabilidad política experimenten los problemas de la cotidianidad, de forma que la vivencia entre los gobernantes y los gobernados sea más cercana. Ahí nos queda también mucho por hacer en nuestro país. Cambiar la composición de género de las instituciones políticas es necesario para aumentar su representatividad. Pero tal cambio es insuficiente para mejorar la calidad de vida de la población. Lo que hace falta es cerrar el espacio –que a veces es abismo– entre los gobernantes y los gobernados, exigiendo que las experiencias de unos y otros sean más próximas y que los representantes vivan y experimenten los temas de la cotidianidad de la misma manera que la mayoría de la población lo hace. De ahí que las medidas para enriquecer la democracia haciéndola más representativa deban incluir el cambio de género (puesto que más de la mitad de españoles y catalanes son mujeres), pero debe también incluir la exigencia de que los gobernantes vivan las mismas experiencias que los gobernados. Una exigencia de la gran mayoría de partidos progresistas de la UE es, por ejemplo, que sus candidatos deben, en caso de ser elegidos, utilizar los servicios públicos, bien sean escuelas para sus hijos, bien sean servicios sanitarios públicos para sus familias. En Estados Unidos se están aprobando referéndums exigiendo que todos los candidatos a un cargo político (no sólo los de los partidos progresistas) se comprometan a utilizar los servicios públicos, como condición para que el Estado les permita ser candidatos. Incluso Blair, un punto de referencia del «centro» español y catalán, vetó a un candidato a la alcaldía de Londres por enviar a sus hijos a escuelas privadas. No veo a sus muchos

174

seguidores en Cataluña o España haciendo propuestas semejantes. Y sin embargo, de la misma manera que es probable que una mujer con hijos sea más sensible a la necesidad de guarderías que un varón, es también probable que una familia que utilice la escuela pública, adonde la mayoría de familias de las clases populares envían a sus hijos e hijas, sea más sensible a los problemas que existen en tales escuelas que otras familias que envían a sus hijos a la escula privada. De ahí que la representatividad democrática requiera un cambio de composición y también de experiencias para hacer que nuestras instituciones sean más sensibles a los problemas de la mayoría de la población.

Cuarta parte

Las raíces de nuestro déficit democrático y social

IX. EL FRANQUISMO Y LA TRANSICIÓN INCOMPLETA

1. UN SILENCIO ENSORDECEDOR

Al integrarme de nuevo en nuestro país, me sorprendió el gran desconocimiento que tiene nuestra juventud de la historia reciente de nuestro país, incluidos la Guerra Civil y el franquismo, resultado del silencio existente sobre aquel período, junto con una falsificación de aquella historia que se reproduce en algunos de los medios de información controlados por las derechas española y catalana. Un ejemplo es el debate del año 2000 sobre el desfile militar cuando se produjo un silencio ensordecedor sobre un tema que considero de gran importancia. El debate se centró primordialmente en si tiene sentido, hoy, sostener fuerzas militares, por muy «humanitarias» que sean sus tareas. Unos señalaban que las fuerzas armadas son todavía necesarias. En el polo opuesto estaban los movimientos pacifistas, bien representados por la manifestación a favor de la paz en el Parque de la Ciutadella, que me recordó las manifestaciones pacifistas en contra de la Guerra del Vietnam, en las que participé en los años sesenta en Estados Unidos. Incluso muchas de las canciones eran las mismas.

El centro de ese debate fue el militarismo, todavía necesario según unos, intrínsecamente perverso según otros. No quisiera dar la impresión de que no considero importante este debate. Pero creo que tendría que haber habido otro, tan o incluso más importante que éste y que nunca se produjo, excepto en declaraciones de voces solitarias que trataron el tema de manera tangencial. Me estoy refiriendo a la relación entre el ejército actual y aquel que dio el golpe militar el 18 de julio de 1936 y que tuvo un papel central en la dictadura franquista.

Lo que la mayoría de jóvenes no saben es que al día siguiente de la insurrección militar, ésta fue derrotada en Barcelona por las fuerzas del orden de la Generalitat, ayudadas por las movilizaciones populares lideradas por los partidos de izquierda y los sindicatos. Barcelona fue republicana hasta el fin de aquel conflicto, como consecuencia de lo cual sufrió enormemente. Barcelona fue una de las primeras ciudades en Europa cuya población fue sujeta al terror provocado por los bombardeos, como muestra el libro *1939. Barcelona any zero*, publicado por el Ayuntamiento de Barcelona en 1999. Por cierto, el Parlamento alemán aprobó una resolución en 1998 pidiendo perdón a las poblaciones de las ciudades bombardeadas por sus fuerzas aéreas, incluyendo Guernica. Lo mismo se intentó por parte de algunos partidos políticos en el Parlamento italiano, solicitando que se pidiera perdón a la ciudadanía de Barcelona y otras ciudades catalanas bombardeadas por las fuerzas aéreas del gobierno fascista italiano, sin que esta resolución fructificara, debido a la resistencia de la derecha italiana.

Cuando el ejército franquista entró en Barcelona el 26 de enero de 1939, se inició una de las represiones más brutales conocidas por una población civil en la historia de la Europa occidental, iniciándose un régimen definido por Amnistía Internacional como uno de los más crueles existentes en nuestro continente durante el siglo XX, crueldad que continuó hasta el mismo año en que murió el dictador. El general Francisco L. de Sepúlveda erró cuando escribió en *La Vanguardia*, en su artículo «Cataluña y los militares» (26-5-2000), que el ejército mantuvo relaciones cordiales con la población catalana después de la Guerra Civil, y que no participó en la represión. Muchos catalanes fueron fusilados por el ejército, incluido el presidente Companys. Y la utilización del idioma catalán fue prohibida por un régimen apoyado por el ejército. También es errónea la equiparación que Santos Julià hace en su artículo «Un desfile en Barcelona», *El País* (28-5-2000), del terror de las fuerzas que apoyaron a la Generalitat (CNT, PSUC, POUM) con el terror franquista. Aunque condenable, el primero no puede compararse con la intensidad y extensión del segundo, que duró cuarenta años. Es más, gran número de muertes originadas en el bando republicano tuvieron lugar en los primeros meses de la guerra, como protesta popular al alzamiento militar, y ni la Generalitat ni el Gobierno Republicano Español lo aprobaron, a diferencia de lo que ocurrió en el bando franquista, donde la represión fue ejercida por los aparatos del Estado, incluido el ejército.

También es errónea la interpretación de la victoria del ejército franquista como la victoria de España sobre Cataluña, tal como algunos sectores nacionalistas han señalado. En realidad, la victoria del franquismo significó la victoria de las oligarquías y burguesías catalanas y españolas y la derrota de las clases populares de todos los pueblos y naciones de España, incluida la catalana. El origen social de los asesinados lo muestra. Es más, los soldados del ejér-

181

cito popular que murieron defendiendo pueblos y ciudades catalanas eran, además de catalanes, aragoneses, castellanos, vascos, gallegos, andaluces y de otras partes de España, procedentes en su mayoría de las clases populares de las distintas naciones y regiones de nuestro país.

El Ejército fue una pieza clave del régimen franquista, como también lo fue, por cierto, la Iglesia católica. Es interesante señalar que mientras existe una demanda creciente para que esta última pida perdón, no sólo a Dios, sino también al pueblo catalán y español por su apoyo a aquel régimen, no haya habido una petición semejante de admisión de error por parte del ejército. Se me dirá, con razón, que el Ejército de hoy no es aquel Ejército franquista. Las autoridades políticas, con la colaboración de altos jefes militares, han ido cambiando profundamente aquel ejército. Pero una pregunta legítima es: ¿Hasta qué punto es el Ejército de todos y no sólo el heredero del Ejército de los vencedores? Se me dirá de nuevo, y con razón, que según la Constitución es el Ejército de todos. Pero la realidad no se establece por un documento, por muy noble que sea, como es el caso de nuestra Constitución. Las culturas y percepciones son de enorme importancia. Y el Ejército no se verá como el Ejército de todos, incluidos los vencidos, hasta que condene el golpe militar de 1936 y la etapa franquista del ejército –tal como el ejército alemán ha hecho con el nazismo–, reconociendo e incluso homenajeando a sus adversarios, es decir, a los militares, milicianos y otros luchadores que defendieron la República y que más tarde lucharon contra el franquismo y que continúan hoy marginados y olvidados, sin que haya habido un acto nacional de homenaje a aquellos luchadores por la democracia y la libertad que continúan olvidados en su propio país y que están muriendo sin que se les haya dado las gracias. ¡Qué lástima que incluso los manifestantes de la Ciutadella se olvidaran de ellos! Se merecían al menos una canción como «El quinto regimiento» o «Ay, Carmela».

2. RECONCILIACIÓN SÍ, OLVIDO NO

En 1999, y a raíz de la negativa del Partido Popular a apoyar una propuesta parlamentaria de condena al golpe militar que interrumpió el proceso democrático el día 18 de julio de 1936, se hizo referencia en algunos medios de información a la necesidad de reconocer a la comunidad exiliada, es decir a las personas que por razones políticas tuvieron que dejar nuestro país durante y/o después de la Guerra Civil. Como una de estas personas que soy, quisiera hacer algunos comentarios surgidos a partir de aquella y otras experiencias más recientes. En realidad, uno de los hechos que me apenó más a mi vuelta a España hace ya tres años fue el escaso conocimiento que mis estudiantes universitarios tenían de lo que fue el franquismo, régimen al que percibían como conservador y autoritario aunque no especialmente represivo, siguiendo una percepción promovida por algunos historiadores y politólogos que han reciclado con éxito la imagen de aquel régimen (definido por Preston como uno de los regímenes más represivos que existieron en Europa durante el siglo XX), presentándolo como un régimen moderadamente autoritario y negando a su vez que fuera un régimen totalitario.

La realidad, sin embargo, fue otra. Como resultado del golpe y subsiguiente triunfo militar contra el gobierno democrático, cerca de un millón de personas tuvieron que irse de España, dejando sus hogares y a sus familias. Medio

183

millón se refugió en Francia y en otros países de Europa, donde muchos de ellos permanecieron detenidos en campos de concentración, algunos nazis, como Mauthausen, Ravansbrück, Dachau, Buchenwald y Maidtank, donde más de 10.000 españoles murieron. La memoria de estos últimos es recordada en los monumentos a las víctimas del nazismo que se erigieron después de la Segunda Guerra Mundial en muchos países de Europa, incluida Alemania. No existe, sin embargo, ningún monumento nacional en España en su honor.

La gran mayoría de españoles que perdieron la guerra y permanecieron en España fue represaliada duramente; más de 700.000 estuvieron en campos de concentración, más de 400.000 fueron encarcelados, más de 200.000 fueron asesinados desde 1939 a 1942, bien fusilados o muertos por otros medios, y más de 300.000 fueron expulsados de su trabajo, expulsión que afectó con especial dureza a ciertas profesiones como la de magisterio (aproximadamente 7.000 maestros, por ejemplo, fueron encarcelados) y la docencia universitaria. En la Universidad de Barcelona, por ejemplo, la mitad del cuerpo docente fue expulsado, encarcelado o exiliado. La Iglesia católica jugó un papel clave en esta depuración, convirtiéndose en el eje ideológico de aquel régimen, desde donde influía en todos los aspectos del comportamiento, tanto individual como colectivo, de la sociedad española. El número de expedientados y depurados fue inmenso, sin que hasta hoy se haya documentado el número exacto. Entre los presos políticos, muchos fueron condenados a trabajos forzados, lo que, como señala el profesor Harmutt Heine, «representaba donaciones del Estado a las compañías constructoras y otras empresas, que pagaban al Estado unos precios enormemente favorables, permitiendo que emplease tal mano de obra a su albedrío».

Según este historiador, todas las grandes empresas constructoras españolas se beneficiaron de esta reserva de mano de obra.[1] Hoy, en Alemania, las empresas que utilizaron trabajadores forzados durante el régimen nazi están siendo obligadas a pagar una indemnización a aquellos trabajadores. En España nunca se ha considerado tal posibilidad.

En los años cincuenta se inició la resistencia pacífica antifascista, tanto en los puestos de trabajo como en las universidades. El día 16 de agosto de 1962, fui denunciado por un dirigente del sindicato universitario fascista en Cataluña a la policía política (paradójicamente llamada Brigada Social), conocida por su enorme brutalidad. La Brigada Social torturó a miles y miles de trabajadores y estudiantes, y muchos desaparecieron. Su brutalidad era especialmente acentuada con los trabajadores. En muchas ocasiones, tal represión se realizaba conjuntamente con las bandas fascistas. Tal represión fue una constante durante todo el período en que duró el régimen. Incluso en el año en que el dictador murió, fueron fusiladas cinco personas por razones políticas, encarcelados 1.028 presos políticos y expedientados 4.317 ciudadanos por el temido Tribunal de Orden Público.

Me sorprendió enormemente que mis estudiantes no supieran que durante la dictadura pasaban estas cosas en España. Las cifras de asesinados, detenidos, torturados, desaparecidos y expulsados durante la dictadura franquista son, tanto en términos absolutos como porcentuales, mucho mayores que las de la dictadura de Pinochet (estimados por Amnistía Internacional en 3.197 muertos y desaparecidos desde 1973 a 1990). Una pregunta que mis estudiantes me hicieron es por qué las personas responsables de estos he-

1. H. Harmutt, *La oposición política al franquismo*, 1983.

chos durante la dictadura no han sido juzgadas, como hoy se pide, con razón, que sea juzgado Pinochet y sus colaboradores, o como fueron juzgados los líderes nazis en Alemania o los líderes fascistas en Italia después de la Segunda Guerra Mundial. La respuesta, a mi manera de entender, se centra en la manera en que España pasó de la dictadura franquista a la democracia. En Alemania e Italia, donde hubo dictaduras nazi y fascista, tales regímenes fueron derrotados, lo que explica que el abanico democrático representado en sus Parlamentos compartiera en su mayoría una postura democrática antinazi o antifascista. En esos países tanto la derecha como la izquierda parlamentaria habían participado en la lucha antifascista, aun cuando unos, los segundos, habían participado mucho más activamente que los primeros. Pero todos eran demócratas. Éste no fue el caso de España. El franquismo no fue derrotado. Se fue transformando, adaptándose al hecho democrático. Sin cuestionar la vocación y comportamiento democrático de personas procedentes de la nomenclatura franquista, algunas de las cuales jugaron un papel clave en la transición de la dictadura a la democracia, el caso es que la gran mayoría de la derecha española nunca condenó el franquismo, justificándolo –como lo hizo la derecha chilena– como un mal necesario para evitar un mal mayor, el comunismo. Pero tal explicación es insostenible. El golpe militar se hizo contra una república democrática, en la que los comunistas eran una exigua minoría. El golpe militar fue la defensa a ultranza de los intereses, incluidos los de la Iglesia, afectados por las reformas llevadas a cabo por los gobiernos republicanos, reformas que en muchas áreas, como educación, sanidad y bienestar social, fueron altamente aplaudidas por la opinión internacional, que las percibieron como necesarias para modernizar la sociedad española. En realidad, lo peor que hizo el régimen franquista

186

a la sociedad española fue imponerle un gran retraso económico, político y social. Otros países de regímenes parecidos tuvieron después de la caída de sus regímenes totalitarios un enorme desarrollo bajo regímenes democráticos. Tanto la Alemania ex nazi como la Italia ex fascista, por ejemplo, experimentaron un gran crecimiento económico y social después de la derrota del nazismo y el fascismo. España, que en 1936 tenía un nivel de desarrollo económico semejante al italiano, permaneció estancada económica y socialmente bajo un régimen dictatorial que mantuvo las desigualdades sociales más acentuadas de Europa (junto con Grecia y Portugal, que padecieron regímenes semejantes al franquista durante aquellos años). En 1975, el año en el que el dictador murió, España tenía un nivel de riqueza muy inferior al italiano (un 38% inferior), con el gasto social per cápita, el gasto público sanitario per cápita, el gasto educativo per cápita y el gasto en pensiones per cápita más bajos de la Europa occidental (junto con Grecia y Portugal).[1]

Estos y otros hechos han quedado olvidados en lo que parece ser un pacto de silencio resultado de una transición que llevó a España a una democracia vigilada donde las fuerzas democráticas tuvieron miedo de analizar y recordar un pasado que podría provocar a la derecha. Recuerdo con detalle que en una visita que dos grandes dirigentes parlamentarios del centroizquierda y la izquierda española hicieron a la Johns Hopkins University de Estados Unidos, les sugerí que España hiciera un homenaje de gratitud a los combatientes de las Brigadas Internacionales, cuya edad era ya muy avanzada. Los dos me contestaron que todavía no era conveniente: era mejor esperar hasta más tarde. Y cuando, más tarde, este homenaje se celebró, ni el jefe del

---

1. UNDP, *Historial Series.*

Estado ni el presidente del gobierno los recibieron, hecho ampliamente señalado con desagrado en los medios de información internacional. El presidente Clinton, presidente de Estados Unidos, país que definió la Segunda Guerra Mundial como una guerra antifascista y antinazi, y que a nivel popular sintió gran rechazo hacia el régimen franquista, aliado de Hitler y Mussolini en Europa, alabó el sacrificio de los combatientes de las Brigadas Internacionales por la democracia y la libertad y concedió, más tarde, la máxima condecoración civil de Estados Unidos a Pete Seger (el Raimon de Estados Unidos) que había hecho famosas allí las canciones del bando republicano de la Guerra Civil española. Se intentó, en algunos medios de comunicación conservadores en España, justificar este desplante a los brigadistas con el argumento de que el jefe del Estado y el presidente del gobierno tampoco habían recibido a los voluntarios fascistas (la División Azul) que habían luchado con las tropas nazis en contra de la Unión Soviética, equiparando injustamente a los combatientes por la democracia con los aliados de Hitler.

Otro hecho que refleja este temor a ofender a los vencedores lo percibí cuando, a raíz de la muerte de mis padres, que fueron maestros represaliados, y expulsados del Magisterio por haber defendido la República Democrática, pedí a un dirigente del gobierno español que hiciera un acto de agradecimiento a todos aquellos ciudadanos anónimos que habían sufrido represión y/o muerte por su compromiso con la democracia española. Le agradecí enormemente que respondiera mi carta con gran amabilidad, pero me sorprendió que me escribiera que tal homenaje ya se había hecho al erigirse un monumento en Madrid a todos los que sufrieron y murieron por una España mejor en cualquiera de los dos bandos. Me decepcionó que se pusiera a los vencedores y a los vencidos al mismo nivel. Soy consciente del esfuerzo de cierta historiografía por intentar relativizar el compromiso político de los dos bandos de la Guerra Civil, señalando que el que la población luchara en uno u otro bando dependía de dónde estaban físicamente el día o la época en que el golpe militar tuvo lugar. Sin negar que tal situación afectara a muchos españoles, ello no obsta para que aquellos que estuvieron en el bando vencedor recibieran tratos de favor después del conflicto, muy distintos de los que recibieron los del lado perdedor. Esta equidistancia, tan extendida en nuestro ambiente intelectual, es profundamente errónea y moralmente insostenible. Se olvida que un bando destruyó la democracia y el otro –a pesar de sus muchos defectos– defendió la democracia. La gran mayoría de fuerzas políticas del lado republicano estaban comprometidas en restablecer la democracia representativa. Poner a vencedores y vencidos en el mismo plano moral refleja una insensibilidad democrática, característica de grandes sectores de la derecha española.

El Parlamento español nunca dio las gracias a aquellos españoles que lucharon por la democracia, tanto durante como después de la Guerra Civil, ni tampoco ha reconocido a la comunidad exiliada, ignorada en su mayoría en su propio país. Es más, los vencedores nunca han pedido perdón a los vencidos, condición indispensable para la reconciliación, puesto que la expresión de perdón implica el reconocimiento de un error. La negativa de la Iglesia española a pedir perdón por su papel central en la dictadura dificulta la reconciliación, puesto que ésta exige un reconocimiento que se niega aludiendo a una equidistancia entre vencedores y vencidos, considerados erróneamente como igualmente responsables de lo acaecido durante y después de la Guerra Civil.

El olvido histórico es consecuencia del dominio de la derecha en el proceso de transición, interpretada como un pacto entre élites y personas, ignorando la enorme presión popular realizada por miles y miles de ciudadanos anónimos, gente normal y corriente que con sus protestas, movilizaciones y huelgas (en los años 1975 y 1976, España tuvo el número mayor de huelgas de Europa, y el mayor número de trabajadores envueltos en conflictos laborales que incluían demandas tanto políticas como económicas) forzaron la necesidad de un cambio, que fue hegemonizado por la derecha, cuya influencia política explica tanto el sesgo del sistema electoral que discrimina al centroizquierda y a la izquierda (como quedó de manifiesto en las últimas elecciones autonómicas catalanas), como el sesgo hacia el centroderecha y la derecha de la mayoría de los medios de información y persuasión españoles y catalanes. La democracia española necesita una reconciliación basada no en el olvido, sino en el reconocimiento y corrección de los errores, que fueron mucho mayores entre los vencedores que entre los vencidos.

3. LA TRANSICIÓN INCOMPLETA

Una consecuencia del dominio que la derecha tuvo en el proceso de transición española de la dictadura a la democracia (erróneamente definido como modélico), ha sido el conservadurismo de las culturas política y mediática de nuestro país, fenómeno comentado por varios observadores extranjeros de nuestra realidad que han señalado que el centro de gravedad del espectro político español está situado más a la derecha que en el resto de la UE. Ello explica que políticas públicas de centro en la UE, por

190

ejemplo, aparezcan como de izquierda e incluso izquierdistas (de izquierda radical) en nuestro país. Permítame el lector mostrar varios casos representativos de lo que digo. En Europa, hoy, el gobierno de Blair en Gran Bretaña es considerado un punto de referencia para el centro europeo. En España, tanto el presidente del gobierno español como el presidente de la Generalitat (ambos se definen a sí mismos como líderes del centro español y catalán respectivamente) han expresado en más de una ocasión su afinidad política con Blair, representante del centro europeo. Ahora bien, cuando analizamos las políticas públicas más importantes del gobierno de Blair, podemos ver que en España tales políticas se considerarían –tanto por esos líderes como por la mayoría del *establishment* mediático y político del país– claramente izquierdistas. Veamos. Una de las políticas públicas más importantes del gobierno Blair ha sido la de imponer impuestos a los beneficios desmedidos de las empresas privatizadas por el gobierno conservador de Thatcher, destinando tales fondos a la formación profesional y a la creación de empleo. La aplicación en España de tal política significaría que el gobierno español conseguiría, a través de los impuestos sobre los superbeneficios de Telefónica, de las compañías eléctricas y de otras compañías privatizadas, más de seis mil millones de euros, con los cuales podría, además de rebajar los precios de tales servicios a los usuarios, financiar programas de creación de empleo. El supuesto «centro» español y el «centro» catalán no sólo no han hecho suyas tales propuestas de gravar los superbeneficios de las empresas privatizadas, sino que, al contrario, han aprobado políticas en sentido opuesto, favoreciendo la desgravación de los beneficios de tales empresas privatizadas, y ofreciéndoles además incentivos, como ha sucedido con las compañías

191

eléctricas, a las que se les ha otorgado una subvención de 7.000 millones de euros.

Veamos otro ejemplo de la falta de coincidencia entre el centro europeo y el centro español o catalán. Una de las primeras medidas que tomó el gobierno de Blair fue eliminar la desgravación fiscal de las pólizas a las compañías de seguro sanitario privado, cancelando a su vez la mercantilización de los servicios sanitarios que se había introducido en el Servicio Nacional de Salud de la Gran Bretaña. Thatcher había establecido mercados internos dentro del sector sanitario, forzando a los hospitales y centros de salud a competir (en lugar de cooperar) entre ellos, estimulándolos a que vendieran sus servicios a las compañías de seguros sanitarios privados. Pues bien, el autodefinido centro español y catalán ha aprobado políticas sanitarias en el Parlamento español más cercanas a las políticas de Thatcher que a las de Blair. Tanto el «centro» español como el catalán han apoyado una reforma del IRPF que desgrava el seguro sanitario privado, estimulando que las empresas aseguren privadamente a sus profesionales y empleados. También han establecido fundaciones sanitarias, dando plena autonomía a cada centro público sanitario y estimulándole a que optimice sus ingresos a base, por ejemplo, de contratos con las compañías de seguro sanitario privado, con lo cual veremos (como ocurría en el SNS británico bajo el gobierno Thatcher) en los hospitales públicos salas para pacientes públicos y salas para pacientes privados que tendrán privilegios negados a los pacientes públicos, rompiendo así con el principio básico del Sistema Nacional de Salud de que a la población se la atiende según su necesidad y no según su seguro. En realidad, en Cataluña (con la bendición del gobierno «centrista» de la Generalitat) varios hospitales han hecho ya tales propuestas.

Éstos son ejemplos de cómo lo que es centro en la UE se define como izquierdista en nuestro país y de cómo las políticas supuestamente centristas en nuestro país son semejantes a las derechistas en la UE. Entre estas políticas diferenciales hay una que está perjudicando muy seriamente al país; el amplio consenso en el «centro» español y catalán de que no puede aumentarse el gasto público, consenso que queda reflejado en los editoriales de los mayores rotativos de España, que se oponen al aumento del gasto público. Esta petición de no aumentar el gasto público y social (uno de los más bajos de la UE) se está haciendo en un período en que el gasto público y social como porcentaje del PIB ha disminuido notablemente, sin que hayan aparecido comentarios editoriales críticos en ningún diario. En realidad, Javier Tussell, que se define de centro, en su evaluación del gobierno Aznar en un artículo reciente, definía la política social del gobierno como brillante, gracias a haber seguido políticas centristas. Tales políticas «brillantes centristas» se han caracterizado por un descenso muy notable del gasto público y social. También han disminuido los fondos públicos estatales a la Seguridad Social, que financia las pensiones (unas de las más bajas de la UE). Se ha producido un descenso similar en los servicios de ayuda a la familia, en la educación pública y en la sanidad pública, como he dicho anteriormente.

Paralelamente a esta disminución del gasto público y social, hemos visto un aumento muy favorable de los beneficios empresariales (y sobre todo de las empresas privatizadas, que representan nada menos que dos tercios de los valores de la Bolsa), a la vez que se ha producido un descenso de la participación de los salarios en la distribución de la renta nacional.

Estas políticas públicas muestran que los que se proclaman de centro en España son en términos europeos derecha. En realidad, la derecha española está más a la derecha que la gran mayoría de la derecha europea. La mayoría de partidos de las derechas europeas, por ejemplo, ha condenado los regímenes fascistas y nazis que gobernaron sus propios países. La derecha francesa, por ejemplo, ha condenado el gobierno de Vichy (excepto el partido de Le Pen), la derecha italiana ha condenado el régimen fascista (excepto el partido de Fini), la derecha alemana ha condenado el régimen de Hitler, y así a lo largo y ancho de toda la UE. La derecha española, sin embargo, nunca ha condenado el franquismo, régimen aliado de Hitler y Mussolini y semejante al nazi y al fascista. Es incoherente y contradictorio que mientras en Europa el representante del PP pidió, con razón, la condena del PP austríaco por colaborar con el partido ultraderechista de un dirigente, Haider, que alabó en su día el régimen de Hitler, en España el PP no haya censurado a figuras prominentes como su fundador, Manuel Fraga, quien actuó en defensa del régimen de Franco. En realidad, el PP no sólo no ha censurado las voces de su partido que apoyan al franquismo, sino que favorece que tales fuerzas pro franquistas canalicen su voto hacia el PP, lo cual explica la situación paradójica de que en un país como el nuestro, donde todavía hay miles de bustos del dictador en plazas públicas, no haya un partido ultraderechista. Como comentaba irónicamente el periódico *The Guardian* (2-12-99), España es el único país de Europa que no tiene derecha ni ultraderecha. La diferencia entre Austria y España es que en Austria Haider y sus seguidores están fuera del PP austríaco y en España están dentro del PP.

Es muy importante para la salud democrática de nuestro país que la transición se complete y se corrijan los déficits democráticos, incluyendo la corrección del discurso, cultura y prácticas políticas para que éstas estén más de acuerdo con el resto de la UE. Necesitamos una derecha democrática y dialogante que rompa clara y definitivamente con la ultraderecha y el franquismo, condenando a ambos. Y necesitamos también una izquierda plural que, como ocurre en el resto de Europa, gobierne el país modernizándolo, lo cual pasa por una convergencia no sólo monetaria y económica, sino también social, hacia Europa, con una ampliación muy notable de nuestro Estado del bienestar, que profundice en los cambios ya iniciados en los años ochenta y se incorpore a las políticas socialdemócratas de varios países de Europa que han mostrado que equidad y eficacia económica no sólo no son incompatibles, sino que son complementarias. Las notas de alarma de desastre económico que tanto la derecha española como la catalana han anunciado en caso de que gobierne la izquierda, contrastan con voces más objetivas, como la del corresponsal económico del *New York Times* en Europa, A. Andrews, que en un artículo en el *Herald Tribune* (9-10-1999) sobre la situación económica en Europa concluía que «podemos hablar de nuevo del sorprendente milagro de recuperación de Suecia, confirmando que han sido los países que han seguido con mayor consistencia la estrategia socialdemócrata, es decir, los países nórdicos escandinavos y el gobierno Jospin, los de más éxito económico en Europa». Tanto Suecia como Dinamarca, así como Francia (gobernados por alianzas y/o coaliciones de izquierdas plurales que incluyen a socialdemócratas y comunistas), están llevando a cabo políticas económicas y sociales socialdemócratas que incluyen políticas expansivas del Estado del bienestar que han facilitado su recuperación económica. El programa de gobierno propuesto por

195

la izquierda en España en las últimas elecciones legislativas era un programa que mostraba en otras coordenadas su equidad social y su eficiencia económica.

Otro componente de la transición que debiera completarse es el cambio en el sistema electoral, que, como consecuencia del dominio de la derecha en el proceso, está profundamente sesgado, discriminando a la izquierda de tal manera que en muchas partes de España se requieren cinco y seis veces más votos para conseguir un parlamentario de izquierdas que uno de derechas. Pocos países de la UE presentan un sesgo derechista tan acentuado en su proceso electoral. Ello explica que, a pesar de que la izquierda consiguió más de 2,5 millones de votos que la derecha en 1996, ésta fue la que gobernó el país. A esta situación contribuye la división de la izquierda, hábilmente estimulada por la derecha, que dificulta el proceso de cambio y plena democratización. Es de gran importancia y urgencia que estas deficiencias democráticas se corrijan, y se complete la transición.

4. FALSIFICANDO NUESTRA HISTORIA

Otra de las consecuencias del dominio de la derecha en el proceso de transición de la dictadura a la democracia en España, ha sido el intento, en general exitoso, de reciclar la historia reciente de nuestro país, falseando la naturaleza del franquismo, que ha sido uno de los regímenes más represivos de la Europa del siglo XX, tal como han documentado Preston y otros, represión que continuó hasta el año de la muerte del dictador. Como he escrito antes, en 1975, se asesinó a cinco personas por razones políticas, 1.028 personas fueron detenidas por causas políticas y

196

4.317 personas expedientadas por el temido Tribunal de Orden Público. Esta realidad es ignorada por gran parte de los medios de comunicación. Veamos algunos ejemplos.

La Vanguardia publicó el 12 de marzo de 2000 un artículo a raíz de la muerte de López Rodó en el que ese señor era definido por uno de los articulistas como «arquetipo de la derecha civilizada», artículo acompañado por otro en el que uno de sus consejeros económicos, el profesor Fabián Estapé, mostraba como ejemplo de tal comportamiento civilizado que durante el período en que López Rodó fue ministro –de 1965 a 1973– no se fusiló a nadie, atribuyendo el hecho a su influencia. Sería de desear que tales articulistas de *La Vanguardia* fueran más exigentes en la utilización del adjetivo «civilizado»; el hecho de que no se fusilara a nadie durante aquel período no es suficiente condición para merecer tal adjetivo. En ninguna parte de la sección informativa escrita a raíz de la muerte de ese señor se informaba al lector de que, en realidad, López Rodó fue una pieza clave en el régimen dictatorial responsable de actos de represión en los ámbitos en que tuvo capacidad de incidir, que fueron muchos, y que abarcaron desde el mundo universitario hasta las políticas económicas, que también adquirieron dimensiones represivas. En el mundo académico, por ejemplo, un joven López Rodó actuó de manera clave en las purgas del ámbito intelectual y universitario, eliminando el famoso Instituto Libre de Enseñanza, uno de los centros intelectuales más importantes de España, y sustituyéndolo por el Consejo Superior de Investigaciones Científicas, que a pesar de su nombre fue un centro de un gran sectarismo orientado a controlar la academia española, incluyendo el conocimiento económico, lo que explica que incluso hoy gran número de las instituciones y revistas económicas estén controladas por profesionales procedentes de la nomenclatura franquista. Este organismo contaba con la colaboración del sindicato fascista universitario (SEU), establecido a imagen de los grupos fascistas estudiantiles italianos, que tuvieron una misión policial además de ideológica. Todo docente y estudiante tenía una ficha en la que el apunte de cualquier desviación de la ortodoxia oficial era motivo de expulsión o marginación del mundo académico. Esta campaña fue dirigida por el catedrático Albareda, del que fue ayudante principal López Rodó. Su objetivo era crear una universidad vaciada de cualquier contenido liberal y progresista. El «civilizado» López Rodó fue también el que, siendo miembro de la Comisión Permanente de Las Cortes, aprobó la ley de 2 de diciembre de 1963 (tras previa oración al Espíritu Santo por el Excelentísimo y Reverendísimo Patriarca de las Indias Leopoldo Ejido y Garay), dictada después del asesinato de uno de los líderes de la resistencia democrática antifranquista, Grimau, estableciendo el temible Juzgado y Tribunal de Orden Público, que funcionó hasta el último año de la dictadura y que era pura licencia para la tortura, asesinato, eliminación o expulsión de los miembros de la resistencia democrática antifranquista, como bien documentan Nicolás Sartorius y Javier Alfaya en su excelente libro sobre la dictadura de Franco, *La memoria insumisa,* del que he extraído estos datos.

Otro ejemplo de falsificación de nuestra historia es la obra *Daaalí,* en la que el pintor de Port Lligat se presenta como un gran rebelde, ejemplo para nuestra juventud. En la obra, representativa de la confusión que caracteriza a ciertos sectores radicales del país, se ridiculiza a la resistencia democrática antifranquista, así como a los artistas e in-

198

telectuales que la apoyaron, criticando a estos últimos por su oportunismo y conformismo, en contraste con la supuesta rebeldía y anticonformismo de Dalí. En la obra también se ridiculiza a Hitler y Mussolini sin que nunca aparezca en ella nuestro propio dictador, Franco, al cual Dalí sirvió con una enorme docilidad, conformismo y servilismo, siendo uno de sus más ardientes defensores en la comunidad artística internacional. Dalí, lejos de ser apolítico (tal como la obra erróneamente lo describe), fue profundamente político, mediante su apoyo a aquel régimen y a la enorme represión que lo caracterizó, defendiéndolo frente a los ataques de la opinión internacional, tal como bien documenta el libro de Ian Gibson titulado en su versión original en inglés «La vida vergonzosa de Salvador Dalí» *(The Shameful Life of Salvador Dalí)*, y en su edición española, *La vida desaforada de Salvador Dalí*.

Podría continuar con más ejemplos de esta falsificación que he ido descubriendo a mi vuelta a España, falsificación que tiene lugar diariamente y que nos recuerda a los vencidos de la Guerra Civil y del franquismo que continuamos vencidos durante el proceso que siguió a la transición.

5. LA TRANSICIÓN NO FUE MODÉLICA

En un artículo publicado en el diario *El País* («Por una política de la memoria», 17-7-2000), Javier Tusell terció en un debate existente en las páginas de la revista *Claves de la Razón Práctica* entre Javier Pradera y yo sobre la forma en que se realizó la transición de la dictadura a la democracia en España y cómo ésta afectó a la democracia que le siguió. En aquel debate yo señalaba que, a mi parecer, la transición no había sido modélica, sino que se había realizado en condiciones muy favorables a las derechas, que habían hegemonizado aquel proceso, condicionando la democracia que le siguió, la cual se reproduce en condiciones que son desfavorables a las izquierdas. Tusell interviene en ese debate cuestionando mis tesis, y escribe que «no hay pecado original en nuestra transición (...) por más que en ello se empeñe todo un sindicato de damnificados a los que no votaron los electores por razones que derivan de que quizá valían menos de lo que pensaban». Reconozco que, como persona no creyente, desconozco el significado del lenguaje religioso que Tusell utiliza, y por lo tanto no entiendo bien lo que quiere decir «pecado original». Sí entiendo, sin embargo, el tono, que intenta ser insultante para aquellos que no comparten su tesis. Tusell fue miembro del primer gobierno de derechas del primer gobierno democrático que hubo en España, y tiene todo el derecho a expresar su desacuerdo con mi tesis de que la forma en que tal transición tuvo lugar discriminó a las izquierdas. Pero el tono que escoge para expresar su desacuerdo reproduce una cultura intolerante que descalifica a sus adversarios insultándoles, dificultando el muy necesario debate sobre la forma en que la transición tuvo lugar y sus consecuencias. Ahora bien, a pesar de su intento, quiero aclarar que no me siento insultado. Es para mí un honor haber servido en la resistencia antifranquista desde los años cincuenta, por lo cual fui damnificado durante muchos años, y es un privilegio hoy apoyar con mis escritos a aquellos que perseguidos por su lucha antifranquista durante la dictadura protestan por su marginación ahora en la democracia.

Tusell, de manera predecible, utiliza en su argumentación toda una serie de absolutos en los que nadie o todos comparten las mismas posturas. Así, escribe que «en el año 2000 ser franquista o antifranquista es absurdo», añadiendo más tarde que «nadie en España está dispuesto a reivindicar aquel régimen o a quien lo personificó». Tusell y yo debemos de vivir en dos Españas distintas. En la que yo conozco, hay miles (¿millones?) de españoles que reivindican el régimen franquista y a su caudillo. Hace poco Fraga Iribarne (fundador del partido gobernante en nuestro país), por ejemplo, reivindicaba el régimen franquista en el canal de televisión CNN, defendiéndolo como uno de los regímenes que ha hecho más por España en el siglo XX. Tusell confunde aquí los términos. Una persona es franquista no porque pida la vuelta hoy al régimen franquista (aunque haberlos los hay, bien abierta o encubiertamente), sino porque se identifique con aquella etapa de nuestra historia y la defienda. Es interesante señalar en este aspecto que el PP nunca ha condenado el franquismo, en parte por sus orígenes históricos, en parte porque se siente temeroso de enfrentar a sectores importantes de su electorado que se sienten identificados con aquel régimen.

En cuanto a la tesis de que las deficiencias existentes en nuestra democracia son comunes a otras democracias y no pueden atribuirse a la forma en que se realizó la transición, quisiera indicar que si bien es cierto que nuestra democracia comparte defectos con otras democracias –tales como el creciente distanciamiento entre gobernantes y gobernados, por ejemplo–, hay otros que son específicos de nuestro sistema político y resultado de la hegemonía de la derecha durante la transición. En Alemania y en Italia, el nazismo y el fascismo fueron derrotados. En España, sin embargo, el franquismo no lo fue. El Estado franquista fue adaptándose a una nueva realidad resultado de una presión nacional e internacional. Las estructuras dirigentes de aquel Estado se percataron de la necesidad de cambiarlo para ir adaptándolo a un nuevo proceso que, junto con las izquierdas –todavía débiles debido a la enorme represión sufrida durante la dictadura–, elaboró el sistema democrático. Es probable que a la vista de esta falta de equilibrio de fuerzas entre derechas e izquierdas, en la que las primeras tenían muchos más poderes que las segundas, no hubiera otra forma de realizar la transición que aquella en la que se hizo. Pero me parece un error hacer de esta situación una virtud y llamarla modélica. En realidad, el dominio de las derechas aparece en múltiples dimensiones de nuestras instituciones políticas y mediáticas.

Entre las primeras resalta un sistema electoral que en la práctica discrimina profundamente a las izquierdas, como he señalado anteriormente. Otras consecuencias de ese dominio son la existencia de instituciones del Estado, como la monarquía, excluidas del escrutinio y la crítica democrática por común acuerdo de los medios de información del país, o la ausencia de una condena del franquismo por parte del Parlamento español, tal como el Parlamento italiano condenó en su día la época fascista o el Parlamento alemán condenó el régimen nazi o, más recientemente, el Parlamento francés condenó el régimen colaboracionista de Vichy. Incluso hay hoy textos escolares en algunos lugares de España donde no se condena al régimen franquista, al que se llama frecuentemente el «régimen anterior», sin incluir una condena del mismo (como sucede en los libros escolares alemanes, por ejemplo, donde se condena por ley cualquier expresión positiva del régimen nazi). En realidad, la ausencia de tal condena hacia el régimen franquista se justifica con una supuesta equidistancia en la responsabilidad por lo acaecido en la historia reciente de nuestro país, señalando que tanto los vencedores como los vencidos de la Guerra Civil fueron responsables de terribles violaciones de los derechos humanos durante y después del conflicto. Esta supuesta equivalencia es, sin embargo, insostenible. No sólo porque la violencia y las violaciones de los derechos humanos de los vencedores fueron mucho mayores que las de los vencidos, o porque la violencia de los vencedores fuera parte de una política de Estado, mientras que la mayoría de la perpetrada por los vencidos no fue apoyada ni por el Estado republicano ni por la Generalitat de Cataluña, sino porque los primeros rompieron con las reglas democráticas y la gran mayoría de los segundos lucharon para reinstaurarlas y defenderlas. El silencio institucional sobre estos hechos, con ausencia de condena del régimen franquista y del golpe militar que lo estableció, empobrece enormemente a la democracia española, debilitando el surgimiento de una clara cultura y conciencia democráticas. La ausencia de tal condena, cuando no la exaltación de las figuras y mártires de los vencedores a través de monumentos o procesos de beatificación, contrasta con la moderación en el reconocimiento de las víctimas y figuras entre los vencidos, que son por cierto mucho más numerosas. Sería impensable que en Alemania, Italia e incluso en Francia, se construyeran monumentos o se dedicaran calles a las figuras nazis, fascistas o colaboradores de aquellos regímenes.

Por otra parte, tal dominio de las derechas en la transición explica también la gran escasez de instrumentos mediáticos de centroizquierda o izquierda, lo cual ha contribuido en gran manera a una cultura política dominante de gran moderación en la que propuestas realizadas por partidos de centroizquierda o izquierda en la UE aparecen como radicales en España, descalificadas por la gran mayoría de los medios de información como «demagógicos», «radicales», «doctrinales», «anticuados» o cualquier otro adjetivo de los que tales medios utilizan con gran frecuencia para mostrar su desaprobación.

Tal sesgo derechista de los medios de información, resultado de la transición, aparece también en la manera como se está reescribiendo y presentando la historia de nuestro país en amplios sectores de tales medios. Un ejemplo es el artículo de *La Vanguardia* (6-3-2000) en el que el propio Tusell, uno de los historiadores del *establishment* que se define a sí mismo como centrista, define a Cambó «como ejemplo de moderación y centrismo», «ejemplo intelectual, moral y político», «admirable por su intento de comprender al adversario», sin nunca citar el apoyo de Cambó al franquismo. Cambó, lejos de ser un ejemplo de político centrista digno de emulación, fue uno de los empresarios y políticos catalanes que apoyó con mayor intensidad el golpe militar y al régimen fascista, un régimen que cometió genocidio cultural contra Cataluña y que no se caracterizó por su respeto a sus adversarios, a los que asesinó. Supongo que para Tusell el apoyo de Cambó al golpe militar fue una mera nota a pie de página en una vida por lo demás modélica. Pero el apoyo de Cambó al franquismo, sin que nunca más tarde lo denunciara públicamente ni pidiera perdón al pueblo catalán y español por tal apoyo, es más que una nota a pie de página en su biografía. Aquellos hechos fueron los más importantes en la historia reciente de nuestro país.

Una última nota. El 22 de septiembre de 2000 me manifesté con miles de catalanes en las calles de Barcelona en contra de los asesinatos de ETA. Mientras protestaba por aquellos actos pensaba yo en dos realidades. Una es la incoherencia y limitada sensibilidad democrática de aquellos medios de información y personalidades que mientras piden, con razón, una condena sin matices de los asesinatos de ETA, nunca han condenado con igual contundencia el régimen terrorista franquista, responsable de miles de asesinatos de personas que lucharon por la democracia, sin que sus familiares y amigos pudieran mostrar públicamente su tristeza y protesta. La otra reflexión es que las personas de ETA que disparan el arma asesina están matando, además de personas, la posibilidad de que la transición se complete, permitiendo la transformación y expansión de la democracia incompleta que todavía tenemos y que tanto nos costó conseguir a los que luchamos por ella. Cada asesinato retrasa más y más esta nueva transición, reforzando las fuerzas que se oponen a esta necesaria transformación, la cual permitiría un debate más sereno y productivo de sus legítimas aspiraciones políticas. La violencia, que puede ser necesaria en la lucha contra una dictadura, se convierte en profundamente reaccionaria cuando inhibe y frena el desarrollo democrático.

6. INSENSIBILIDAD DEMOCRÁTICA

Un indicador más de que la transición de la dictadura a la democracia no fue modélica ha sido el trato tan desigual por parte del Estado español a las víctimas de asesinatos políticos. En 1999, las Cortes Españolas aprobaron por unanimidad que esas personas asesinadas fueran honradas públicamente con una de las más altas condecoraciones que el Estado español ofrece y sus familias compensadas con una cantidad de 138.000 euros (aumentada a 390.000 euros en caso de invalidez). Tal acto de reconocimiento, sin embargo, se limitaba a víctimas de asesinatos políticos ocurridos en nuestro país desde 1968. En España, sin embargo, la gran mayoría de asesinatos políticos en tiempo de paz ocurrieron desde 1939 y no desde 1968, y sus víctimas fueron en su mayoría luchadores antifranquistas cuyas vidas fueron segadas por su compromiso con la democracia y la libertad en nuestro país. En realidad, tal como ha señalado el profesor Malefakis, catedrático de Historia Contemporánea de Europa de la Universidad de Columbia, y tal como he señalado en la introducción, la dictadura franquista fue una de las dictaduras más sangrientas que se han vivido en Europa occidental durante el siglo XX, que asesinó en tiempo de paz a más personas que la dictadura fascista italiana (en una relación nada menos que de 10.000 a 1), y encarceló proporcionalmente a más personas, también en tiempo de paz, que la dictadura alemana en su período de no guerra. Estos datos, poco conocidos y/o reconocidos en nuestro país, son ampliamente conocidos fuera de España. Incluso un semanario liberal británico de pocas simpatías izquierdistas como es *The Economist*, subrayaba que el general Pinochet, uno de los dictadores más sangrientos que ha habido en Latinoamérica, era un moderado en comparación con el general Franco, cuya dictadura fue enormemente sangrienta, plagada de asesinatos, torturas y otros actos brutales de violación de los derechos humanos, actos que continuaron hasta el último año de la vida del dictador.

En España, la amnistía de los crímenes políticos realizados predominantemente por la dictadura (forzada por la derecha durante la transición), significó en la práctica una amnesia colectiva de lo que fue la Guerra Civil y de lo que ocurrió durante el franquismo. La ley aprobada unánimemente por las Cortes en 1999 a la que me he referido al principio del apartado, que limitaba el período de reconocimiento y compensación a las víctimas a partir de 1968, reproduce la amnesia y el olvido pactado en la transición. Es cierto que el Estado español ha ido compensando paulatinamente a algunas de las víctimas del franquismo. Pero tal reconocimiento, tardío y con cuentagotas, es minúsculo e insignificante en comparación con el reconocimiento y compensación realizado en aquella ley a las víctimas de asesinatos políticos ocurridos desde 1968. Sería justo extender los mismos derechos a todos los asesinatos políticos desde 1939 hasta hoy, excluyendo de tal reconocimiento a aquellas personas que participaron en los aparatos represivos del Estado franquista y a las que fueron asesinadas durante la dictadura por necesidades de la lucha antifranquista. El derecho de defensa y retribución en contra de los violadores de los derechos humanos en sistemas dictatoriales es un derecho reconocido internacionalmente. En este aspecto, es una ofensa a todas las fuerzas democráticas de este país que Melitón Manzanas, uno de los mayores torturadores del régimen dictatorial franquista, haya recibido una condecoración del Estado español. En el mismo momento en que los fórums de opinión internacional condenan a personas responsables de las más brutales violaciones de los derechos humanos, como es el caso del general Pinochet, en nuestro país se los está condecorando. Un mínimo sentido de la decencia exige una corrección inmediata de tal aberración democrática.

7. LOS COSTES DE LA DESMEMORIA HISTÓRICA

En un artículo periodístico publicado durante el año 2001, Felipe González escribió que consideraba acertada la decisión de no rescatar la memoria histórica durante la transición española, lo cual ha permitido la reconciliación entre vencedores y vencidos de la Guerra Civil y entre los que sostuvieron la dictadura y los que lucharon por la democracia, aun cuando tal reconciliación se realizara a costa del olvido de lo que fue el golpe militar, la Guerra Civil y el régimen dictatorial que los siguió. Comentaba Felipe González que le parecía muy bien que países como Chile, Argentina, Sudáfrica y otros hayan intentado, a diferencia de lo que ha ocurrido en España, rescatar la memoria histórica de la tragedia de las dictaduras para encontrar «una vía más sólida de reconciliación que pudiera alcanzarse sin olvido, a través del establecimiento de comisiones en busca de la verdad que han permitido desenterrar y dar a conocer las barbaridades ocurridas en aquellos regímenes políticos». Felipe González terminaba el artículo concluyendo que no se arrepiente de que no se intentara una recuperación de la memoria histórica en España, puesto que ello hubiera «significado remover los viejos rescoldos bajo los cuales seguía habiendo fuego».

Creo que la postura que Felipe González presenta en este artículo es representativa de la sostenida por gran número de dirigentes del centro izquierda y la izquierda españoles, personas a las que aprecio, admiro y considero mis amigos, pero con las cuales estoy en profundo desacuerdo en este aspecto importante de la transición española, puesto que considero que la reconciliación basada en el olvido ha sido no sólo un gran error político de la izquierda en nuestro país, sino también una gran injusticia para todos aquellos, los vencidos de la Guerra Civil y los luchadores antifranquistas, cuya lucha por la democracia ha sido olvidada y que se están muriendo sin que el país les haya dado las gracias, rindiéndoles el honor, agradecimiento y reconocimiento que se merecen. Ese olvido se ha convertido en la continuación de su derrota durante la Guerra Civil y el franquismo, puesto que mientras la dictadura significó una represión brutal, la democracia ha significado la continuación de su marginación y falta de reconocimiento, perpetuándose así una gran injusticia sobre la cual se construyó la transición y se ha ido construyendo nuestra democracia. Pero como me señalaba el arzobispo Desmond Tutu, premio Nobel de la Paz y promotor de la Comisión de la Verdad (que analizó lo ocurrido durante el odiado régimen del apartheid de Sudáfrica), en una conversación reciente, «la democracia no puede ser estable cuando se basa en la injusticia reproducida en el olvido». Y el olvido de nuestro pasado ha sido una enorme injusticia.

La única razón por la que tal olvido podría justificarse moralmente sería el que los dos bandos del conflicto civil y de la dictadura hubieran tenido idéntica responsabilidad por lo ocurrido y hubieran perpetrado la misma cantidad de violaciones de los derechos humanos. Esta equidistancia en la atribución de responsabilidad de nuestro pasado es el argumento más utilizado por la derecha de nuestro país para justificar tal olvido. La realidad histórica, sin embargo, no apoya tal postura. Un bando luchó para destruir la democracia y el otro luchó para instaurarla. La gran mayoría de los perdedores de la Guerra Civil pedían el establecimiento de un sistema democrático. No así el bando vencedor, el cual, además, llevó a cabo, no sólo durante el conflicto civil sino incluso ya en tiempos de paz, la represión más brutal del siglo XX en la Europa occidental. Es más, tal represión fue metódica, sistemática y llevada a cabo como política de Estado, a diferencia de la represión durante la República, que fue en su gran mayoría espontánea, como respuesta popular al golpe fascista militar, y no formaba parte de una política sistemática del Estado republicano. Aceptar el olvido no es por tanto ni ética ni políticamente neutral. Unos –los vencedores y los que apoyaron la dictadura– se han beneficiado mucho más que los otros –los vencidos y los que sufrieron la represión franquista–. Una vez más, la reconciliación se ha impuesto a los vencidos y a los oprimidos, que son los que, con el olvido, pagaron el mayor coste en aquella supuesta reconciliación, sufriendo marginación y olvido, mientras que el otro bando continúa honrando a los vencedores y perpetradores de los abusos y atrocidades, en nombres y monumentos, en procesos de beatificación de sus víctimas e incluso, últimamente, honrando a torturadores. Es, por cierto, incoherente y traduce escasa sensibilidad democrática que el reconocimiento de las víctimas del terror y de los asesinatos políticos con compensación familiar se inicie a partir del año 1968, cuando la mayoría de asesinatos políticos en tiempos de paz en nuestro país (más de 200.000) tuvieron lugar a partir de 1939. Apruebo y aplaudo que se reconozca y compense a las víctimas del terrorismo, pero protesto porque se discrimine a las víctimas del terror franquista (1939-1975), la mayoría de las cuales fueron luchadores por la democracia.

Se me dirá que tal olvido de la memoria histórica ocurrida desde la transición no ha sido una imposición, sino resultado de una voluntad popular expresada a través de las decisiones de las Cortes Españolas con la Ley de Amnistía, cuya aprobación por parte de los representantes de los vencidos y luchadores antifranquistas significó una gran generosidad por su parte. Pero tal generosidad no puede extenderse para que cubra no sólo la amnistía, sino también la amnesia colectiva, que no fue resultado, como erróneamente indica Carlos Castresana en su interesante

210

artículo «Transición, memoria y justicia» (1-5-2001), de que al ocurrir la transición «no hubiera miles de desaparecidos víctimas de la razón de Estado y porque la casi totalidad de los responsables de los crímenes sistemáticos de nuestra guerra y posguerra civil ya habían muerto». En realidad, durante la dictadura hubo miles de desaparecidos políticos, que todavía no constan como tales y cuyo paradero se desconoce. Y muchas de las personas responsables de la represión franquista siguen vivas y ocupan cargos de responsabilidad, orgullosos de su historia de represión, que continuó hasta el final de la dictadura. Lo que explica esa amnesia fue el gran dominio de la derecha durante la transición en los aparatos del Estado y en los medios de información y persuasión, que forzaron tal amnesia en la cultura mediática y política del país. Es más, tanto el Ejército como otros poderes fácticos –desde la Iglesia al empresariado– seguían siendo enormemente fuertes y las izquierdas estaban temerosas de enfrentarse a ellos. Por eso coincido con Felipe González en que es un error intentar dar lecciones de democracia a otros países, ahora bien, no porque cada país deba desarrollar su propio modelo (lo cual es obvio), sino porque nuestra transición dejó mucho que desear y no puede presentarse como ejemplar.

El olvido ha sido no sólo una gran injusticia, sino también un gran error político, con costes muy elevados, incluido el desconocimiento por parte de nuestros jóvenes de nuestra propia historia. La juventud española no conoce la historia de los últimos cincuenta años de su país. Y los datos lo muestran. En una reciente encuesta de conocimiento por parte de los jóvenes europeos de su pasado inmediato, España y Austria (los dos países que han silenciado su pasado reciente) eran los países donde la juventud tenía menos conocimiento de lo ocurrido durante sus regímenes dictatoriales. En otros países que sufrieron regímenes semejantes, como Alemania e Italia, la juventud fue educada sobre lo que fue el nazismo y el fascismo, y son conscientes de los horrores impuestos por esos regímenes. No así España. Un ejemplo de ello ocurrió recientemente a raíz de las declaraciones del Rey, escritas por el gobierno conservador actual, en las que se olvidaba que en Cataluña se prohibió durante el franquismo hablar la lengua propia: el catalán. Y cuando hubo una protesta en Cataluña sobre tal olvido, el presidente del gobierno español acusó a los que protestaron de ser hipersensibles, mientras que portavoces y líderes del mayor partido de la oposición de las Cortes Españolas definieron tal protesta como mera expresión de un «nacionalismo oportunista», insultando así a todos los catalanes y a todos los demócratas españoles, que nunca debieran olvidar lo que pasó en nuestro país. Y por si fuera poco, nada menos que la ministra de Educación del gobierno conservador actual (6-5-2001) ponía en duda que en Cataluña se hubiera prohibido hablar en catalán durante el franquismo. La primera vez que tuve problemas con la Policía Nacional franquista fue cuando a la temprana edad de siete años un agente de ese cuerpo me abofeteó en las calles de Barcelona por hablar en catalán, gritándome que no hablara como un perro y que tenía que hablar en cristiano. Y durante años el franquismo prohibió la utilización de mi lengua materna en las instituciones, incluidas las escuelas y universidades de Cataluña. Y lo mismo ocurrió en el País Vasco. ¿Cómo puede una ministra de Educación española olvidar tal realidad? Por muchas matizaciones que la propia ministra o el gobierno hayan hecho, lo cierto es que el partido que gobierna España no ha condenado de una manera contundente el régimen franquista, favoreciendo este olvido que mantiene vivos los viejos rescoldos bajos los cuales sigue habiendo fuego, dificultando la auténtica reconciliación, que exige el reconocimiento de los errores cometidos con expresión de desagravio hacia sus víctimas. Es más, no puede haber en España una cultura auténticamente democrática mientras no haya una cultura antifranquista, para la cual se requiere una viva memoria histórica.

Las fuerzas políticas que han intentado mantener viva esa memoria histórica han sido las nacionalistas demócratas, las cuales han rentabilizado con éxito –como lo demuestran las últimas elecciones vascas– ese recuerdo histórico. Como demócrata, les agradezco tal esfuerzo, aun cuando estoy en profundo desacuerdo con su interpretación de nuestra historia reciente. No es cierto, por ejemplo, que la victoria del golpe de Estado del ejército y el régimen dictatorial que lo siguió, fuese la victoria de España contra Cataluña, como amplios sectores nacionalistas catalanes afirman. En realidad, la gran mayoría de la burguesía y la Iglesia catalanas apoyó el golpe militar y el franquismo, mientras que los sectores más activos de la lucha antifranquista en Cataluña fueron sectores de la clase trabajadora catalana –tanto la de habla catalana como la de habla castellana–, que lucharon por la libertad, y con ella, por la identidad catalana oprimida. No fue España (cuya República facilitó la personalidad institucional catalana y su cultura), sino la odiada dictadura franquista, la que nos prohibió a los catalanes utilizar nuestra lengua materna. Ha sido un gran error histórico de las izquierdas permitir a los nacionalistas que monopolizaran la memoria histórica. Hoy, la juventud no identifica a las izquierdas con la lucha por la libertad, la democracia y la pluralidad, lo cual no hubiera ocurrido si las izquierdas hubieran mantenido vivo el recuerdo de la experiencia de la República (con su visión plural de España, en lugar del uniformismo opresivo del franquismo) y de la resistencia antifranquista, presentándose como su heredera. Éste es el gran coste político de su olvido.

EPÍLOGO:
UN RUEGO AL LECTOR

No es costumbre que el autor de un libro termine pidiéndole un favor al lector. Pero en este caso me permitirá una excepción. Deseo y espero que el libro le haya sido de interés. En caso de que el lector crea que contribuye a clarificar la situación en la que nuestro país vive, le ruego que informe a sus amigos y familiares de su existencia. Francamente, no creo que los fórums e instrumentos del *establishment* que definen los términos de la sabiduría convencional del país vayan a darle mucha visibilidad y proveerle de grandes cajas de resonancia. En una cultura política y mediática dominante que reproduce acríticamente el mensaje de que España va bien y Cataluña va incluso mejor, hay escasa receptividad para voces críticas que señalen los grandes déficits existentes en nuestra democracia y en nuestro Estado del bienestar. En nuestra cultura conformista, la visibilidad de los autores y analistas de nuestras realidades está, en general, relacionada con su función reproductora de aquella sabiduría convencional. Ello es particularmente cierto en nuestro país, donde hay una enorme instrumentalización de los medios de información y persuasión.

Pero, más importante que informar a otras personas de la existencia del libro y del análisis, es que, en caso de que el lector esté de acuerdo con mis tesis (de que el olvido histórico está empobreciendo nuestra historia, de que nuestra democracia es todavía incompleta y de que nuestro Estado del bienestar es insuficiente), ayude a presionar a nuestras instituciones políticas para recuperar la memoria histórica, para que se mejore notablemente nuestra democracia, y para que se expanda considerablemente nuestro Estado del bienestar. Espero que haya conseguido en el libro demostrar que los tres hechos –el olvido histórico, la democracia incompleta y el insuficiente Estado del bienestar– están íntimamente relacionados. Recuperar la memoria histórica es importante para que nuestra juventud conozca nuestro pasado, de manera que la deseada reconciliación no se base en el olvido de lo que ocurrió durante la dictadura (con la enorme injusticia que el olvido supone para los que lucharon por la libertad y la democracia), sino en el reconocimiento de las injusticias realizadas y en la corrección de las deficiencias heredadas del régimen anterior. Este mayor desarrollo de nuestras instituciones democráticas permitirá la mejor expresión de los deseos de la ciudadanía, que incluyen la ampliación del Estado del bienestar.

Por último, un ruego a los jóvenes, nuestro futuro. El olvido histórico ha hecho que la mayoría de los jóvenes no sepan lo mucho que ha costado conseguir la democracia incompleta y el Estado del bienestar insuficiente que tenemos. De ahí que, en caso de que lean este libro y estén de acuerdo en sus tesis, les ruego participen plenamente en la vida política del país, puesto que las posibilidades de que tal bienestar aumente depende de esa participación.

COLECCIÓN ARGUMENTOS